Jeannette Schweitzer
**Der Apparat**

Jeannette Schweitzer

# Der Apparat

## Meine Jahre bei Scientology

Ein Erfahrungsbericht

BRUNNEN
VERLAG GIESSEN · BASEL

**FSC**

**Mix**

Produktgruppe aus vorbildlich
bewirtschafteten Wäldern und
anderen kontrollierten Herkünften

Zert.-Nr.GFA-COC-001278
www.fsc.org
© 1996 Forest Stewardship Council

© 2009 Brunnen Verlag Gießen
www.brunnen-verlag.de
Lektorat: Eva-Maria Busch
Umschlagmotiv: Panther Media
Umschlaggestaltung: Ralf Simon
Satz: DTP Brunnen
Druck: CPI – Ebner & Spiegel, Ulm
ISBN 978-3-7655-1709-9

# Inhalt

# Persönliche Vorbemerkung

Drei Jahre lang war ich Mitglied in der Scientology-Organisation, innerlich sehr engagiert und bereit, ihre Ideologie zum Maßstab meiner ganzen Existenz zu machen. Auf der „Brücke zur völligen Freiheit" erreichte ich den Grad eines „Operierenden Thetan" der Stufe I. Als ich das Angebot von Scientology erhielt, in führender Stellung mitzuwirken, um eine Firma nach ethischen Prinzipien aufzubauen, brach ich alle Brücken zu meinem bisherigen Leben um dieser Aufgabe willen ab. Es kam zum entscheidenden Konflikt, als ich merkte, dass Scientology den Begriff „Ethik" ganz anders verstand und ich gezwungen werden sollte, an kriminellen Machenschaften mitzuwirken.

Meine heutigen Kenntnisse fundieren zum einen auf dem Wissen, das ich durch viele Kurse und Auditings sowie durch meine Tätigkeit in der scientologischen Firma zum Teil auf sehr leidvollen Wegen erworben habe. Zum andern kam ich durch meine vielen Vorträge vor verschiedenem Publikum mit existentiellen Ängsten der Menschen in Berührung. Viele Aussteiger, darunter höchst ausgebildete „Operierende Thetane" der Stufe VIII, durfte ich aus der Abhängigkeit von Scientology heraus begleiten. Sie gaben mir erschreckende Einblicke, wie dieses menschenverachtende System bis in die obersten Etagen funktioniert.

Je mehr menschliches Elend ich hier erlebte, desto motivierter wurde ich im Kampf gegen die unmenschlichen Methoden der Scientology mit dem Tarnnamen „Kirche". Ich möchte meinen Lesern mitteilen, dass ich durch mangelnde

Aufklärung in das Netzwerk dieser Organisation geraten bin. Und dass ihre Methoden, Mitglieder zu gewinnen, auf die Unerfahrenheit und Gutgläubigkeit der Menschen geradezu aufbauen, um sie dann durch psychische Manipulation immer stärker zu binden und total abhängig zu machen. Es kostet einen hohen seelischen und finanziellen Preis, nach der Ideologie der Scientology zu leben. Wer sich kritisch äußert oder gar der Organisation den Rücken kehren will, hat als „Abtrünniger" mit Psychoterror und sonstigen Repressalien zu rechnen. Am Beispiel des Unternehmers ist es mir wichtig zu zeigen, dass derjenige recht bekommt, der in Scientology am meisten Geld investiert. Der Organisation geht es letztendlich nicht um Befreiung des Menschen, wie sie gerne propagiert, sondern allein um totale Abhängigkeit, Geld und Macht.

Mein lebenslanges Anliegen ist aufklären – aufklären über die Methoden der Scientology-Organisation. Deshalb nenne ich in meinem Erlebnisbericht bewusst keine Namen von Personen, obwohl mir genügend Material und Beweismittel zur Verfügung stehen würden. Die meisten Scientologen handeln als funktionierende Rädchen in einem System, das gnadenlos über sie bestimmt.

Bisher habe ich mich auf die Vortragsarbeit beschränkt und war durch die Sekten- und Ausstiegsberatung zeitlich und persönlich stark in Anspruch genommen. Dies ist auch jetzt noch Schwerpunkt meiner ehrenamtlichen Arbeit. Immer wieder wurde ich jedoch gebeten, mein Erleben in ein Buch zu fassen und dadurch die Aufklärungsarbeit einem größeren Personenbereich zugänglich zu machen. Diesem Wunsch komme ich hiermit nach. Durch die Ermutigung liebevoller Menschen und die tatkräftige Unterstützung meines geduldigen Mannes ist es mir gelungen, vieles aus der Vergangenheit wieder hervorzuholen und niederzuschreiben. Es kostet noch immer viel Kraft, das Erlebte mit seinen Verletzungen zu verarbeiten, ehrlich damit umzugehen und mich den Herausforderungen zu stellen.

Ich danke von ganzem Herzen allen Menschen, die mich seit meinem Ausstieg begleitet und immer wieder zu dieser Aufklärungs- und Beratungsarbeit ermutigt haben, besonders den von mir beratenen Angehörigen, Eltern, Unternehmern, Politikern, Polizeibeamten, Lehrern und vielen anderen.

*Jeannette Schweitzer*

# Vogelfrei

Wir schreiben den 6. Januar 1992 – heute ist mein 40. Geburtstag. Nach einer unruhig verbrachten Nacht bin ich aufgestanden, blicke aus dem Fenster in den grauen Tag.

Mein Geburtstag! Ein „runder" Festtag könnte es sein, trotzdem wird es keine Feier geben. Ich habe keine Freunde und auch kein Geld mehr!

Im Briefkasten liegt Post, darunter ein Brief von Scientology Deutschland! Meine Hände beginnen zu zittern, als ich den Absender sehe. Die Angst schnürt mir die Kehle zu. Ich öffne den Umschlag, reiße hastig das Schreiben heraus. Dies ist kein Geburtstagsgruß, das ist mir klar!

Warum hört das denn niemals auf? Warum lässt man mich nicht einfach nur in Ruhe, einfach nur leben? Warum findet dieser Terror kein Ende?

*„Suppressive Person"*, lese ich, *„Unterdrücker"*.

Ich möchte losschreien, aber ich kann nicht mehr und will auch nicht mehr! Bleierne Müdigkeit drückt mich zu Boden. Kreuz und quer laufen meine Gedanken durcheinander; ich kann sie nicht mehr ordnen und kontrollieren! Ich bin einer fremden, unheimlich starken Macht ausgeliefert, die mein Denken bestimmt.

*Suppressive Person!* Ausgestoßen haben sie mich! Zur Unperson erklärt! Ein Nichts bin ich, das nicht mehr verdient weiterzuleben! Das war's dann wohl. Sie haben mich tatsächlich zur unterdrückerischen Person erklärt! Verurteilt zur Höchststrafe im Kodex der Scientology, der besagt: Wer gegen einen Scientologen klagt und dabei nicht das scientologische

Rechtssystem in Anspruch nimmt, begeht eine „unterdrückerische Handlung"! Er begibt sich in die Lage eines Schwerverbrechers, der es nicht verdient, dass er weiterlebt.

Scientology ist ein Staat im Staat, hat ein eigenes Justizsystem, einen eigenen Justizchef in Los Angeles – und nur an ihn darf man sich wenden. Ich aber habe das deutsche Rechtssystem in Anspruch genommen.

Nach scientologischem Recht bin ich nun rechtlos der Willkür meiner Gegner preisgegeben. Ron Hubbards spezielle Anweisungen dazu schießen mir durch den Kopf: „Finden Sie den Unterdrücker und schießen Sie … Rotten Sie sie aus! Sie können sie belügen und betrügen und mit ihnen machen, was Sie möchten, Sie werden niemals dafür zur Rechenschaft gezogen werden …" Ein wahrer Freibrief für Lynchjustiz!

Aber wieso *ich*? Warum ich und nicht der Chef der Firma? Er, dessen aus meiner Sicht kriminelles Tun ich hätte mittragen und unterstützen sollen! Warum wird er nicht zur Rechenschaft gezogen? Ich trage doch keine Schuld. Ich habe nur gegen sein Handeln protestiert!

Die Gedanken wollen mir schwinden. Es ist, als ob ich in einen tiefen Abgrund blicke. Habe ich überhaupt eine Chance zu überleben? Wie in einem Albtraum sehe ich mich in einem Auto, wie es mit hoher Geschwindigkeit gegen eine Brücke kracht. Ich werde in die Tiefe stürzen, erlöst sein und endlich wird dieser Wahnsinn aufhören!

Aber es sollte ganz anders kommen, unerwartet anders …

# Kindheit und Karriere

Wie war ich überhaupt in diese Situation gekommen? Ich dachte an meine Kindheit zurück.

Im Jahr 1952 wurde ich im Saarland als zweites von fünf Kindern geboren. Unsere Familie wohnte damals in einem kleinen Ort in der Nähe von Saarbrücken. Großeltern, Eltern und Kinder, wir alle lebten unter einem Dach. Die wirtschaftlichen Nöte der Nachkriegszeit spürten und ertrugen wir gemeinsam. Als Kinder machten wir uns weniger Gedanken darüber, schließlich ging es den Leuten in der Nachbarschaft auch nicht besser. Mit großer Selbstverständlichkeit genossen wir dafür die bescheidenen Freuden des Alltags. Unendlich viel Freiraum boten etwa die Spielwiesen rund ums Haus. Der nahe gelegene Wald lud zum Versteckspielen ein, und wenn Tante Weis Zeit hatte, nahm sie uns mit, um Pilze zu sammeln oder Beeren zu pflücken.

Eine Attraktion besonderer Art war der Bach neben dem Haus, der unserer kindlichen Fantasie viel Raum ließ. Oft spielten wir unter der Brücke und vergaßen die Zeit, während wir mit den Schuhen im Wasser standen, sodass unsere Mama anschließend allen Grund zum Schimpfen hatte.

Natürlich mussten wir auch bestimmte Pflichten erfüllen, etwa Kohlen aus dem dunklen Keller holen oder die Holztreppen scheuern und einwachsen. Zusammen mit unserem Opa fertigten wir Bodenplatten im Keller, oder wir fuhren mit dem Holzwagen in den Wald, um Brennholz zu sammeln. Es gab immer etwas zu tun.

Ich lachte gern und oft, und deswegen sagten alle liebevoll

„Jeannettchen" zu mir. Wenn jemand zurücklächelte, freute ich mich riesig. Besonders, wenn es die alte Frau Diener war. Sie schaute jeden Tag aus dem Fenster, und ich grüßte sie freundlich auf meinem Schulweg.

Doch viel zu schnell schwand meine glückliche Kinderwelt dahin. Die Lehrerin an der Volksschule konnte meine Eltern überzeugen, dass ich unbedingt auf eine weiterführende Schule gehen sollte. Trotz der hohen Kosten für Fahrten und Bücher durfte ich die höhere Töchterschule, eine von Nonnen geprägte Klosterschule, in St. Ingbert besuchen.

Eigentlich war das eine tolle Gelegenheit, um eine gute Ausbildung zu erhalten. Aber für mich als pubertäre junge Dame waren die frommen Schulschwestern oftmals ein wahrer Gräuel. Auch der Physiklehrer zeigte wenig pädagogisches Geschick, wenn er uns mit den Worten begrüßte: „Na, ihr dummen Schneegänse, muss ich euch heute wieder unterrichten?" Ich fand ihn einfach furchtbar, und entsprechend sahen auch die Noten aus. Ähnlich die Deutschlehrerin: Ihr fehlte aus meiner Sicht das notwendige Einfühlungsvermögen in die Nöte eines pubertierenden Mädchens. Um es ihr zu zeigen, gab ich mir jedoch in der Abschlussprüfung die allergrößte Mühe und schrieb die beste Bildinterpretation. Die Arbeit wurde sogar über Lautsprecher in der Schule vorgelesen!

Aber es gab auch positive Ausnahmen unter den Lehrern. Vor allem die Chemie- und Mathematiklehrerin faszinierte mich. Bei ihr konnte ich endlich meine vielen Fragen loswerden, die sie geduldig beantwortete.

Mit sechzehn Jahren hatte ich bereits einen festen Freund, der fünf Jahre älter war als ich. Wie stolz fühlte ich mich, wenn er mich mit seiner roten „Isetta" aus der Schule abholte!

Mit einem guten Abschluss über die „Mittlere Reife" beendete ich die Schule und begann eine Lehre bei der Bank.

Mit siebzehn war ich schwanger – und wir wollten gleich heiraten. Meine Eltern fanden das zwar gar nicht gut, aber ich konnte mich durchsetzen und erhielt das Einverständnis.

Das Kind wurde ein Junge, und mein Lachen war wieder da. Unerfahren, jedoch voller guter Vorsätze, bauten wir unser erstes kleines Familiennest. Es waren glückliche erste Ehejahre. Dazu gehörten abenteuerliche Urlaube mit dem Zelt. So lebten wir einmal mehrere Monate in Italien, wo mein Mann beruflich zu tun hatte. Der Kleine war gesund und quicklebendig; er plapperte gleich italienisch mit einem kleinen Mädchen: „Aqua, quack, quack!" hieß der Frosch ab sofort.

Doch irgendwann schlichen sich immense Probleme ein. Wir konnten kaum noch miteinander reden, und es kam zu wochenlangem Schweigen. Ich litt sehr darunter, wusste aber nicht mit dieser Situation umzugehen. Nach einigen Jahren war unsere Ehe so weit zerrüttet, dass ich die gemeinsame Wohnung verließ, ohne zurückzukehren oder Ansprüche zu stellen. Das blieb auch nach der Scheidung so.

Fünf Jahre lang lebte ich allein mit meinem Sohn und baute mir alles wieder neu auf. Neben der Vollzeitstelle im Büro ging ich abends, wenn der Kleine schlief, noch zum Kellnern in ein Restaurant. Nur so ließen sich der Haushalt und die Ausbildung des Jungen finanzieren.

Dann lernte ich wieder einen Mann kennen und wurde erneut schwanger. Schnell wurde geheiratet. Diesmal bekam ich ein kleines Mädchen und fand so mein Lachen wieder. In dieser Ehe war alles vorhanden: ein Haus, ein Auto und jeder hatte sein eigenes Einkommen.

Doch auch diese Ehe ging in die Brüche, weil wir beide nicht in der Lage waren, die aufkommenden Probleme zu lösen. Nach nur drei Jahren verließ ich meinen Mann und zog aus der gemeinsamen Wohnung aus. Schon wieder musste ich eine neue Existenz für mich und die beiden Kinder aufbauen. Und ich schaffte es! Ich strebte nach immer mehr Wissen, besserer Ausbildung und größerer Sicherheit – schon deswegen, um das Scheitern der Partnerbeziehungen durch beruflichen Erfolg zu kompensieren.

Der Erfolg war also da, und eigentlich lief alles glatt. Trotzdem blieb ich ein innerlich unbefriedigter Mensch. Ich suchte das Lachen, die Freude von innen, das Wohlfühlen. Der Sinn meines Lebens fehlte und ich empfand diese innere Leere mehr und mehr als schmerzlich! Ich suchte an verschiedenen Orten, doch immer wurde ich enttäuscht oder enttäuschte selbst andere. Jeden Abend betete ich das Vaterunser, doch mir fehlte der wirkliche Bezug zu diesem Vater im Himmel.

Ich blieb auf der Suche und ging am Heiligabend in die Kirche, weil ich hoffte, dort liebe Menschen zu finden, nette Worte oder nur ein Lächeln. Aber daraus wurde nichts. Der Pfarrer und die Kirchenbesucher nickten mir lediglich zu, wünschten ein „frohes Fest" – und gingen auseinander.

In kurzer Zeit hatte ich den beruflichen Aufstieg erreicht, war Verwaltungsleiterin einer Baufirma. Damit hatte ich einen profitablen und verantwortungsvollen Job im Management und fuhr einen eigenen Firmenwagen. Bei Auslandsreisen und Messeeinsätzen konnte ich allerlei Erfahrungen sammeln und interessante Menschen treffen. Aber keine dieser Erfahrungen, weder der Erfolg noch das Geld, verschafften mir Zufriedenheit.

# Erster Kontakt zu Scientology

In der gemütlichen Weinstube, wo ich mich abends gelegentlich an die Theke setzte, kam ich mit der Wirtin, einer hübschen und eleganten Frau, ins Gespräch. Sie erzählte mir, dass sie letztes Wochenende in Frankfurt ein Kommunikations-Seminar begonnen habe.

„Es hat mir wirklich viel gebracht. Ich kann seitdem ganz anders auf meine Gäste zugehen", erzählte sie begeistert von dem, was sie dort gelernt hatte.

Ich wurde hellhörig und stellte der Frau noch allerlei Fragen zu diesem Seminar.

„Fahr doch mal mit, wenn es dich interessiert!", schlug sie mir vor. „Am nächsten Wochenende könnte ich dich mitnehmen. Es ist ganz unverbindlich. Du kannst dort einfach mal reinschnuppern."

Das machte mich neugierig, kam es mir doch in meiner Suche nach Sinn, nach sinnvollen Gesprächen entgegen. Nach kurzem Überlegen stimmte ich zu – und befand mich am folgenden Samstag, es war Mai 1989, mit ihr zusammen im Auto auf dem Weg nach Frankfurt.

Was die Frau an der Theke mir damals verschwieg, war, dass sie als aktive Scientologin gezielt Menschen für ihre Organisation anwarb.

## Der Persönlichkeitstest

Im Tagungsort angekommen, wurden wir überaus freundlich empfangen. Äußerst, äußerst charmante Menschen begegneten mir, keine Leute, wie man sie sonst kennt, die einen erst von oben bis unten mustern: Wie sieht die denn aus? Nein, es waren Leute, die mir das Gefühl vermittelten, ich sei etwas wert, so wie ich war! Kein Wunder also, dass ich mich gleich sehr wohl fühlte und aufgeschlossen war für das, was man mir vermitteln wollte.

„Haben Sie schon einmal einen Persönlichkeitstest gemacht?"

„Nein! Was soll ich mir darunter vorstellen?"

Geschickt weckte die junge Empfangsdame mein Interesse und reichte mir einen Bogen mit zweihundert Fragen. Drei Antworten waren möglich: „Ja", „Nein" und „Weiß nicht".

Schnell kreuzte ich mich durch und beantwortete ehrlich alle Fragen, obwohl mir einige davon recht unsinnig erschienen. Dann gab ich ihr den Bogen zurück.

Sie meinte: „Warten Sie einen Moment. Hier steht Kaffee, dort ist ein kleiner Imbiss. Lassen Sie es sich gut gehen!"

Nach kurzer Zeit kam sie zurück. „Der Bogen ist ausgewertet. Möchten Sie sich mit mir darüber unterhalten?"

„Ja, natürlich." Ich war neugierig geworden.

Anhand der Auswertung zeigte mir die Frau einige persönliche Schwachstellen auf. Das konnte ich akzeptieren, damit hatte ich keinerlei Schwierigkeiten. Sie sprach mich auch auf Kommunikationsdefizite an. Tatsächlich – alles, was sie sagte, traf auf mich zu. Ich wunderte mich – der Test schien doch gute Ergebnisse zu liefern!

Was ich damals noch nicht ahnte: Die Geschäftsfrau, mit

der ich gekommen war, hatte mich bereits angemeldet und alles, was sie über mich wusste, im Voraus berichtet.

## Das erste Seminar

Nun wies mich die Testerin auf ein Angebot hin: „Gerade heute beginnt ein neuer Kommunikationskurs. Sie können noch einsteigen und mitmachen – zum Schnäppchenpreis von 350 Mark." Heute weiß ich, dass sie genau meine Bedürfnisse und meine Angst benutzte, etwas Wesentliches zu versäumen, wenn ich mich nicht für diesen Kurs entscheiden würde.

So zögerte ich nicht lange, sagte Ja und dachte: Wenn ich schon 200 Kilometer hierher gefahren bin ... Der Name des Seminars hörte sich gut an. Nach den genauen Inhalten der Veranstaltung, nach der wissenschaftlichen Grundlage oder der Ausbildung der Seminarleiter fragte ich allerdings nicht. Das sollte sich noch als gravierender Fehler herausstellen!

Als Erstes wollte die Dame meine Adresse und Telefonnummer wissen; beides gab ich ihr ohne Bedenken. Dann reichte sie mir eine Seminarmappe mit dem Titel „Wie lerne ich erfolgreich kommunizieren?" und führte mich in den Seminarraum, der schon voll besetzt war.

Etwa fünfzehn Männer und Frauen saßen dort über ihren Unterlagen und schoben auf dem Tisch Büroklammern, Streichhölzer und Spielzeugfiguren hin und her.

Sie waren begeistert bei der Sache und klatschten immer Beifall. Keiner äußerte nur einen Hauch von Kritik. Es war eine Atmosphäre, die erst einmal sehr befremdlich auf mich wirkte!

## Konfrontieren und Bullbaiting

Nachdem der Seminarleiter mich begrüßt hatte, wies er mir einen Platz zu: „Schauen Sie sich erst mal ein wenig um!" Er ging von Tisch zu Tisch und redete mit den Teilnehmern, die verschiedene Übungen machten. Zwei Personen setzten sich gerade mit ihren Stühlen gegenüber, Knie an Knie zueinander. Sie sollten sich in die Augen schauen. Sonst nichts. Immer, wenn einer der beiden sich bewegte, ja nur mit der Wimper zuckte, griff der Seminarleiter ein.

„Nur in die Augen schauen! Keine Bewegung!", forderte er. Die beiden starrten sich weiter an ... minutenlang.

Was machen die bloß?, dachte ich. Keiner machte irgendeine Bemerkung dazu. Alle konzentrierten sich auf die Seminarlektüre, niemand schien den anderen wahrzunehmen.

Dann sah ich: Ein Mann und eine Frau stellten ihre Stühle so hin, dass sie sich ebenfalls Knie an Knie gegenübersaßen. Einer provozierte sein Gegenüber mit Worten und Gesten, der andere zeigte keinerlei Reaktion. Als aber der Mann die Frau am Busen berühren wollte, schlug sie ihm auf die Finger.

„Flunk!", rief der Seminarleiter.

Das bedeutete offenbar: So ist es falsch! Sie mussten die Übung wiederholen. Noch einmal berührte der Mann die Frau – diesmal reagierte sie nicht.

Was soll denn das? Sind hier alle bescheuert?, fragte ich mich. Keine Kritik, keine Fragen, keine Reaktion anderer Teilnehmer ... nichts! Ich war irritiert.

Als eine Pause angekündigt wurde, ging ich zu der Dame, die mir den Kurs angeboten hatte, und machte meinem Unmut Luft: „Sagen Sie mal, wo bin ich denn hier hineingeraten? Das ist ja total verrückt, was da abläuft!"

Als die anderen Teilnehmer meine kritischen Worte hörten, waren sofort einige zur Stelle. „Aber das sind doch ganz normale Kommunikationstechniken!", behaupteten sie. Nun, mit Kommunikationstechniken hatte ich mich noch nie befasst, also konnte ich nichts erwidern.

Jetzt wurden mir die anderen Seminarteilnehmer vorgestellt: Herr Müller, Geschäftsführer einer größeren Firma, Herr Dr. Meier, Zahnarzt, Herr Schneider, Unternehmensberater, Herr Dr. Heinrich, Forscher bei einem größeren Chemiekonzern und etliche andere (Namen geändert!).

Solche Kapazitäten waren hier? Ich konnte nur staunen. Wenn die das gut fanden, dann war es sicherlich auch für mich das Richtige. Was ich nicht wissen konnte: Die überwiegende Zahl der Seminarteilnehmer waren Scientologen, die gedrillt waren, diese Kommunikationstechniken als etwas ganz Normales zu begreifen. Diese Manipulation entzog meinen letzten kritischen und zweifelnden Gedanken völlig den Boden.

Am Ende der Pause kehrten wir alle in den Seminarraum zurück. Diesmal bat der Kursleiter mich, an einer Partnerübung teilzunehmen. Er bestimmte einen Mann, wir saßen uns Knie an Knie gegenüber und sollten uns unentwegt in die Augen schauen. Der Mann hatte einen stechenden Blick. Regungslos starrte er mir in die Augen. Ich dachte an meine Kindheit, als wir spaßeshalber probierten, wer es am längsten aushielt, dem andern in die Augen zu blicken, ohne die Miene zu verziehen. Damals lachten wir uns halbtot dabei. Aber jetzt hatte ich ein Problem: Wie konnte ich diesem Blick standhalten?

Ich war bis zum Äußersten angespannt, zwinkerte aufgeregt mit den Augen. Da meldete sich auch schon der Kursleiter: „Flunk!" Ich hatte etwas falsch gemacht.

Also strengte ich mich an, legte mir einen stechenden starren Blick zu und schaute meinem Gegenüber kurze Zeit bewegungslos in die Augen.

„Sehr gut!" Die Bestätigung folgte sofort. Ich war erleichtert und freute mich, es geschafft zu haben. In der Seminarmappe war die Übung unter dem Stichwort „Konfrontieren" näher beschrieben. Ihren Sinn erfuhr ich später: Wenn ich einem anderen so unmittelbar und unverwandt in die Augen blicke, kann ich ihn auch lenken und manipulieren, dass er das tut, was ich von ihm will.

Nun trat eine Frau heran und setzte sich mir gegenüber auf den Stuhl, wieder Knie an Knie. Sie fing an, mich fürchterlich zu beschimpfen. Ich versuchte, mich zu wehren.

„Flunk!" – fuhr die Stimme des Kursleiters dazwischen. Ich durfte mich nicht wehren, sollte ruhig bleiben. Genau das hatte ich bei den anderen Teilnehmern schon beobachtet.

Die Frau fuhr fort, mich mit Worten und Gesten zu beleidigen: „Du siehst aus wie eine Hure!"

Ich fühlte mich innerlich zutiefst verletzt und hätte losheulen können. Wie konnte sie sich mir gegenüber solche Dinge herausnehmen!? Aber ich blieb ruhig. Ich ließ keine äußere Reaktion bei mir zu, empfand jedoch höchste innere Anspannung.

„Sehr gut!" Wieder kam sofort die Bestätigung. Erleichtert ging ich an meinen Platz zurück. Die Übung war in der Kursmappe als „Bullbaiting" beschrieben.

Das Seminar endete am Nachmittag. Alle verabschiedeten sich freundlich.

„Bis zum nächsten Mal!", hieß es von allen Seiten.

Redet ihr nur, dachte ich im Stillen. Für mich war's das. Ich hatte 350 Mark bezahlt, ein paar interessante Leute kennengelernt und mir vielleicht auch ein paar nützliche Techniken angeeignet. Aber ich hatte mich bei den Übungen nicht wohl-gefühlt, manche hatten mich zutiefst abgestoßen. Zu Hause würde ich in aller Ruhe darüber nachdenken und versuchen, die Eindrücke für mich zu ordnen. Ich wollte wieder in mein inneres Gleichgewicht zurückfinden. Ich hatte nicht vor, jemals wieder an einem solchen Seminar teilzunehmen. Doch es sollte anders kommen.

# Im Netz der Scientologen

Der Montagmorgen im Büro begann mit einer anzüglichen Bemerkung meines Chefs. Ich reagierte nicht darauf. Hatte ich das nicht gerade am Wochenende gelernt?

„Was ist los mit dir?", fragte er.

„Nichts! Es geht mir gut."

Er schüttelte verständnislos den Kopf und versuchte mich auf andere Weise zu provozieren.

Ich schaute ihm mit stechendem Blick in die Augen, unentwegt! Daraufhin trat er regelrecht die Flucht in sein Büro an! Was war passiert? Ich war selbst überrascht. Das schien ja zu funktionieren! Ich verstand die Welt nicht mehr ... Das musste ich gleich weiter ausprobieren. Die nächsten „Opfer" waren meine Mitarbeiterinnen und der Leiter der Bauabteilung. Tatsächlich, es funktionierte! Ein eigenartiges, ja erhabenes Gefühl beschlich mich: Ich konnte die Menschen um mich herum bestimmen. Das war ja unglaublich! Hatten die Techniken, die ich im Seminar erlernt hatte, zerstörerische Machtgelüste in mir losgetreten?

Auch abends zu Hause musste ich noch an diese Erfahrung denken. Plötzlich klingelte das Telefon. Ein Seminarteilnehmer rief mich an.

„Hallo, wie geht's? Hat dir das Seminar gefallen?"

„Eigentlich nicht so richtig. Die Übungen waren ungewohnt, ich habe mich nicht wohlgefühlt dabei."

Er ließ sich jedoch nicht abweisen. „Du musst es einfach weiter ausprobieren. Ich habe dabei viel gelernt, was ich in meinem Berufsleben gut gebrauchen kann. Aber auch privat habe ich davon profitiert!", fügte er hinzu. Na ja, das konnte ich nach dem heutigen Tag wirklich nur bestätigen.

„Es gibt aber noch viel mehr, und das funktioniert auch!", redete mein Gesprächspartner weiter.

Dadurch machte er mich neugierig. Ich hörte mir alles an und musste feststellen: Es war ein gutes Gespräch, eine gute Kommunikation.

An den folgenden Tagen probierte ich die erlernten Techniken weiter aus: nicht mehr auf Angriffe oder Provokationen in der üblichen Weise zu reagieren, meinem Gegenüber beim Gespräch beharrlich in die Augen zu schauen. Und siehe da: es funktionierte immer wieder! Ahnungslose auf subtile Weise bestimmen, sie nach meinen Vorstellungen lenken können – welch faszinierende Möglichkeiten eröffneten sich! Eine Sicht, die zunehmend mein Menschenbild veränderte und mir ein starkes Gefühl der Überlegenheit verlieh.

Am Abend klingelte erneut das Telefon. Am Apparat eine Frau, die ich beiläufig im Seminar kennengelernt hatte. Sie erzählte, dass sie von diesem Seminar viel profitiert und bereits den nächsten Kurs gebucht habe. Sie wolle noch mehr dazulernen. Wieder ein gutes Gespräch!

An den folgenden Abenden riefen immer wieder Seminarteilnehmer an. Um diese Zeit konnte ich Gespräche gut aufnehmen, da die Kleine bereits schlief und der Haushalt in Ordnung gebracht war. Manchmal dauerten die Telefonate ein bis zwei Stunden. Dabei verging die Zeit wie im Flug; es tat mir gut, mit netten Leuten sprechen zu können. Mein fester Vorsatz, keine weiteren Kurse zu besuchen, geriet immer mehr ins Wanken. Ganz im Gegenteil: Ich war richtig neugierig geworden. Der freundlich-beharrliche Einsatz der anderen Kursteilnehmer – sie waren als Scientologen dazu verpflichtet, wie ich später erfuhr – hatte sich für die Organisation ausgezahlt.

## Das Netz wird dichter

„Besuch doch noch ein Seminar!", schlug eine Anruferin vor. Die nette Aufforderung kam mir nicht ungelegen. Ich wollte sowieso etwas tun, was nicht alltäglich war. Der tägliche Arbeitsablauf in der Firma war mir längst zur stupiden Routine geworden.

„Wie wäre es am nächsten Wochenende?"

Alle diese netten Leute – so etwas hatte ich noch nicht erlebt. Ich freute mich und stimmte zu. Am Samstagmorgen brachte ich die Kleine zu meinen Eltern und fuhr wieder nach Frankfurt. Eingetaucht in die herzliche Atmosphäre des Seminarhauses fühlte ich mich gleich wohl.

Ein Mann kam auf mich zu. „Möchtest du ein Auditing machen?"

„Was ist denn das?"

„Eine Art Gespräch unter zwei Leuten, du und ein Auditor, der das Gespräch leiten wird. Du kannst dabei neue Seiten an dir entdecken. Ich glaube, es wird dir weiterhelfen." Viel später – erst nach meinem Ausstieg – merkte ich, dass dies eine verharmlosende Erklärung für eine schleichende Entmündigung durch Gehirnwäsche war.

„Was muss ich dafür tun?"

„Zuerst beantworte mir bitte zwei Fragen. Glaubst du an Gott?"

Ich bejahte.

„Okay, ich habe verstanden. Glaubst du an Reinkarnation?"

„Nein."

„Okay."

Ich runzelte zweifelnd die Stirn. Was sollten diese Fragen? Als hätte er meine Gedanken lesen können, erklärte mir der Mann, über diese Fragen werde im Auditing gesprochen werden. Wie bitte? Nun war ich tatsächlich neugierig geworden. „Es kostet 1.200 Mark!", fügte er noch wie beiläufig hinzu.

Ich erschrak. So viel Geld! Aber die Neugier hatte mich gepackt. Das Geld war kein Problem, ich verdiente gut. So unterschrieb ich einen vorgefertigten Zahlungsauftrag.

„Danke! Komm jetzt bitte mit!"

## Auditing und E-Meter

Er führte mich durch einen Gang, an einer Reihe von Türen entlang, die alle nummeriert waren. Eine von ihnen stand offen. Mein Blick fiel in einen Raum, nicht allzu groß, karg eingerichtet, ein Tisch, zwei Stühle, eine große Grünpflanze, kein Bild, kein Schmuck an den weißen Wänden.

Der Mann bat mich an den Tisch und setzte sich. Ein Gerät, wie ich es vorher nie gesehen hatte, stand vor ihm. Später erfuhr ich, dass Scientology dies als Elektrometer, abgekürzt E-Meter, bezeichnete. In der Öffentlichkeit wird es als „geistliches Gerät" dargestellt, in Wirklichkeit handelt es sich um nichts anderes als einen primitiven Lügendetektor. Bei jedem Auditing spielt er eine wichtige Rolle und beeinflusst das Ergebnis.

Freundlich forderte der Gesprächsleiter mich auf: „Setz dich bitte mir gegenüber!" (Die Anrede „du" ist in scientologischen Kreisen üblich.)

Ich gehorchte. Jetzt konnte ich nur noch die schwarze Rückseite des Gerätes sehen und nichts von dem, was er damit anstellte oder ablesen konnte.

„Ich gebe dir nun diese beiden Teile", wobei er auf zwei Dosen zeigte, die über eine Leitung mit dem E-Meter verbunden waren. Für mich sahen sie aus wie simple Blechdosen. „Nimm bitte in jede Hand eine Dose!"

Ich tat es.

„Nun bitte locker in den Händen halten, nicht verkrampft!"

Ich gehorchte wiederum.

„Jetzt bitte leicht drücken!"

Ich tat es.

Seine Miene signalisierte mir Zufriedenheit mit dem Ergebnis, aber er murmelte nur: „Hm! Hm!" Konzentriert verfolgten seine Augen, was das Gerät anzeigte.

Jetzt fragte er mich: „Sitzt du gut?"

„Ja."

„Fühlst du dich wohl hier?"

„Hm!"

„Warum bist du hier?"

„Ich weiß es noch nicht."

„Bist du mit einer kritischen Einstellung hergekommen?"

Er wartete aber meine Antwort nicht ab, sondern blickte unverwandt auf sein Gerät. Rasch notierte er etwas auf seinen Block. Ob er wohl an dem Gerät ablesen konnte, was ich gerade dachte? Was verbarg sich hinter dem stechenden Blick seiner Augen?

Schon fuhr er fort: „Was siehst du?"

„Ich sehe dieses Gerät, einen Tisch, Stühle …"

„Was siehst du noch?"

„Eine Pflanze, den Boden …"

„Was siehst du noch?"

„Nichts."

„Was siehst du noch?"

Immer wieder diese stereotypen Fragen, auf die ich längst geantwortet hatte.

Als es nichts mehr zu sehen gab, ich ihm alles gesagt hatte, wanderten meine Gedanken in einen Film, den ich kürzlich über Maria Stuart gesehen hatte.

„Was ist da? Was siehst du?"

„Ich sehe ein Gefängnis."

„Wer sitzt in diesem Gefängnis?"

„Maria Stuart sitzt in diesem Gefängnis."

„Okay", lautete die monotone Antwort. „Hm! – Okay."

„Was siehst du, was ist das?"

Irgendwann, nach unaufhörlichem Nachfragen, sah ich mich plötzlich dort sitzen, ich kam mir vor wie in einem Gefängnis.

„Wer sitzt in diesem Gefängnis?"

„Ich sitze dort."

„Was siehst du noch?"

„Ich sitze dort …" Meine Antwort hatte mich selbst überrascht.

„Hm! Hm!"

Wieder schaute er auf das Gerät, schrieb schnell etwas auf und fragte dann: „Wie geht es dir?"

„Gut!", antwortete ich.

„Okay. Die Nadel schwebt."

## Perfekte Gehirnwäsche

Ich wusste nicht recht, was er damit meinte, aber endlich hörten die Fragen auf. Ich ... Maria Stuart? Ich habe *mich* im Gefängnis gesehen? Ja, ich war die machtvolle Maria Stuart!

Etwas in mir war geschehen, das ich nicht einordnen konnte. Meine innere Überzeugung war eine andere geworden. Ich hatte mich im Auditing völlig ausgeleert und eine neue Identität erhalten, die meine bisherige überdecken und umprägen sollte.

Viele Scientologen, die ich später beim Ausstieg begleitete, erzählten mir, dass sie sich als Napoleon oder Hitler oder Kaiser Nero oder als andere mächtige Personen im Auditing gesehen hätten, aber niemals als Schwächlinge oder Versager. Die Sache hatte also Methode.

Ich fühlte mich total erleichtert. Noch vor wenigen Stunden war ich ganz anderer Überzeugung gewesen! Aber nun waren die kritischen Gedanken auf einmal wie weggeblasen!

Der Mann bedankte sich und beendete die Sitzung. Wie in Trance verabschiedete ich mich und wollte wieder in die Empfangshalle hinunter in Richtung Ausgang gehen. Doch schon stellte sich mir eine Dame in den Weg und bat mich, sie in ihr Zimmer zu begleiten.

Mit freundlichen Worten beglückwünschte sie mich zu meinem ersten Auditing: „Das, was du heute erlebt hast, ist nur der Anfang. Du kannst noch viel mehr erleben! Bitte, nimm doch hier Platz!" Mit diesen Worten ging sie zur Wandseite, an der ein großes Poster hing. In großen Lettern stand darauf: DIE BRÜCKE ZUR VÖLLIGEN FREIHEIT.

„Du kannst auf dieser Brücke alles erreichen", fuhr sie fort, „wirklich alles! Du kannst alles über dich erfahren. Jetzt nicht weiterzugehen, wäre das Schlimmste, was du dir selbst antun könntest. Du gehörst zu den wenigen fähigen Menschen, die das Ziel, vollkommen frei von allem Ballast zu sein, erreichen können."

Wissen, wer man ist, woher man kommt, auf welches Ziel man zugeht, und allen Ballast ablegen, wirklich frei sein? Ja, das war eine faszinierende Perspektive! Ich befand mich auch bereits auf dem Weg dorthin.

Die Ausstrahlung der Dame! Mit welcher Begeisterung und welchen Worten sie mir das vermittelte! Ich war nun selbst begeistert, voller Spannung sah ich einer neuen Zukunft entgegen. Ich war fest entschlossen weiterzumachen.

Sofort zog sie einen Block aus der Schublade, das Wort „Scientology-Church" stand darauf. Ich fragte nicht mehr nach, was es bedeutete. Die Frau notierte in Stichpunkten die nächsten Kurse, dich mich auf der „Brücke zur völligen Freiheit" weiterbringen sollten, und schrieb darunter den Betrag von 9.000 Mark. Und schon lag ein Abbuchungsauftrag vor mir: „Unterschreib!", forderte sie.

Ich erschrak! Das ging mir nun doch zu schnell: „Später bestimmt! Aber jetzt nicht!"

„Später kann zu spät sein!" Die Dame ließ nicht locker. Nur mühsam konnte ich mich von ihr losreißen.

## Absturz in die irdische Wirklichkeit

Wie abgehoben von der Wirklichkeit ging ich draußen in der Dunkelheit zu meinem Wagen, um die zweihundert Kilometer lange Heimfahrt anzutreten. Als ich den Starter des Wagens betätigte, war mein Inneres von all den verwirrenden Eindrücken noch völlig aufgewühlt. Kurz darauf schoss ich mit zweihundert Sachen über die nächtliche Autobahn. Ich hatte jegliches Gefühl für Grenzen verloren!

Mit einem Mal setzte starker Regen ein, schwere Tropfen trommelten gegen die Scheiben. Da – ein lauter Knall hinter mir an der Fahrerseite! Das Lenkrad wollte mir aus der Hand fahren. Mit großer Mühe gelang es mir, den Wagen abzubremsen und an den rechten Fahrbahnrand zu manövrieren. Gott sei Dank – zu diesem Zeitpunkt gab es keinerlei Verkehr auf der Fahrspur!

Auf äußerst drastische Weise war ich wieder in der irdischen Wirklichkeit angekommen. Ich stieg aus und ging mit zitternden Beinen um das Fahrzeug herum. Und da sah ich auch schon, was geschehen war: Der rechte hintere Reifen war weg. Die wenigen verbliebenen Reste an der Felge verbreiteten stechenden Brandgeruch! Schlagartig wurde mir klar, welcher Gefahr ich soeben entronnen war! Da hatten mich wohl mehrere Schutzengel begleitet und vor dem Schlimmsten bewahrt!

Was sollte ich tun ... mitten in der Nacht und bei strömendem Regen? Ich ergriff das Warndreieck, stellte mich auf die Standspur und wartete auf das nächste Auto. Es dauerte eine Weile, aber dann sah ich in der Ferne Lichter auftauchen und winkte mit dem Warndreieck in der Hand. Glücklicherweise hielt der Wagen an. Ein junges Paar stieg aus und beide boten mir ohne viel nachzudenken ihre Hilfe an. Der Mann wechselte den Reifen, wobei er natürlich triefend nass wurde. Aber er meinte nur: „So, nun können Sie getrost weiterfahren!"

Das junge Paar hatte fast das gleiche Ziel wie ich in jener Nacht. Obwohl wir nicht viel miteinander gesprochen hatten, erkannten sie offenbar, dass ich nicht nur technische Hilfe, sondern auch Beistand brauchte – in meiner Angst, mit dem Wagen könnte auch jetzt noch nicht alles in Ordnung sein! Und so boten sie mir an, hinter mir herzufahren. Eine derartige Hilfsbereitschaft hatte ich bisher nicht erlebt! Später bedankte ich mich bei ihnen mit einem großen Blumenstrauß.

## Das Netz zieht sich zu

Viel Zeit blieb mir nicht, bei dem Erlebten zu verweilen. Den ganzen Tag arbeiten, danach meine kleine Tochter versorgen, der Haushalt ... und zwischendurch klingelte häufig das Telefon. Immer wieder riefen nette Leute an, die ich vom Seminar her kannte. Wie ein dürrer Schwamm saugte ich ihre wohltuenden, aufbauenden Worte auf. Die Gespräche dauerten immer länger. So lebte ich tagsüber in der harten Realität, abends zog ich mich in eine Art Traumwelt zurück. Immer stärker sehnte ich mich nach dieser „heilen Welt", nach Menschen, die sich um einen kümmern, die zuhören können und Verständnis zeigen.

Eines Abends animierte mich ein Anrufer, an einem weiteren Kurs teilzunehmen. Er war wie ich fest davon überzeugt, dass unser Körper durch die Umwelt in hohem Maße geschädigt sei. Hier könnten auch Medikamente nicht mehr helfen, meinte er, sie würden alles nur noch schlimmer machen.

Dem konnte ich zustimmen. Schließlich hatte ich viele Jahre unter Zwölffingerdarmgeschwüren gelitten, hatte starke Medikamente eingenommen, aber der Erfolg war ausgeblieben. Erst als die Schmerzen unerträglich wurden und die Medikamente mich anekelten, hatte ich Rat bei einer Heilpraktikerin gesucht. Sie hatte mir mit einer Eigenblutbehandlung und Akupunktur – beides war mir bisher unbekannt gewesen – die Schmerzen genommen. Seither hatte ich keine Beschwerden mehr gehabt.

## Sauna und Vitamine

Der nette Telefonpartner bot mir einen Kurs an, eine Art Körperentgiftung. Er bestünde aus Saunagängen, viel Bewegung und der Einnahme von Vitaminen, erklärte er mir. Der Teilnahmepreis: 3.200 Mark.

Ich erschrak, ich schluckte. Das war viel Geld, aber mein Erspartes reichte! Es würde meiner Gesundheit sicherlich sehr guttun. Ich hatte mich ohnehin in letzter Zeit körperlich nicht mehr richtig wohlgefühlt. Da wäre so eine Entgiftung bestimmt hilfreich. Nach kurzer Bedenkzeit buchte ich telefonisch und fuhr am folgenden Wochenende nach Frankfurt.

In dem Seminargebäude befand sich eine Sauna. Da ich vorher noch nie eine Sauna besucht hatte, war alles neu für mich. Jemand erklärte mir, was ich alles beachten sollte. Zuerst bekam ich eine Menge Vitamintabletten, die wiederum eine Menge Geld kosteten. Vor dem Saunagang sollte gleich eine Handvoll von ihnen geschluckt werden; sie enthielten in starker Dosis Vitamin C und Niacin.

Mit den anderen Kursteilnehmern musste ich erst eine Stunde durch den Park laufen, danach ging es mit dem Badeanzug in die Saunakabine. Die Temperatur (es war wohl eine Biosauna) lag bei 65 Grad, und ein Saunagang dauerte mehrere Stunden. Immer wieder kam der Kursleiter und fragte nach unserem Befinden. Auf meiner Haut zeigten sich durch die hohen Temperaturen bald rötliche Flecken. Als ich den Leiter darauf hinwies, schob er es auf radioaktive Verstrahlungen oder ehemalige Sonnenbrände.

Nach etwa vier Stunden war der Saunagang beendet, zumindest dachte ich das. Aber der Kursleiter verabschiedete uns nur bis zum nächsten Tag: „Dieser Kurs dauert so lange, wie er dauert. Es muss ein Ergebnis geben!"

Ich war so unerfahren, was das Saunieren betraf. Keiner fragte, wie ich den langen Saunagang verkraftet hatte, keiner fragte, wie ich die 200 Kilometer am späten Abend nach Hause schaffte, keiner gab Anweisungen, sich nach dem Saunagang mit einem Schlauch kalt abzuduschen, es war ohnehin nur eine primitive Duschgelegenheit vorhanden.

„Welches Ergebnis sollte es denn geben?", fragte ich.

„Das wird jeder für sich selbst herausfinden", lautete seine Antwort.

So fuhr ich in den folgenden drei Wochen jeden Tag, wenn ich mit der Arbeit fertig war, nach Frankfurt, um an dem Entgiftungskurs teilzunehmen. Ich wollte ein Ergebnis. Nach drei Wochen endlich war ich um etliche Pfunde leichter geworden. Der sportliche Stil stand mir ja auch gut an! Das Essen war für mich nicht mehr so wichtig. Aber ich hatte einen sehr hohen Preis für ein bisschen Abnehmen gezahlt.

### Neu programmiert – und fremdbestimmt

Unmerklich folgte ich der neuen Regel, vor allem meine eigenen Interessen wahrzunehmen. Meine Tochter bekam das als Erste zu spüren. Sie wurde weinerlich und bettelte: „Mama, geh nicht so oft fort! Ich möchte bei dir sein!"

Ihr Bitten war vergeblich.

„Aber Oma kümmert sich doch so liebevoll um dich!", war meine schroffe Antwort.

Für mütterliche Gefühle blieb immer weniger Raum. Meine Gedanken kannten nur noch ein Ziel: Ich wollte mehr über mich wissen, meine eigenen Interessen verwirklichen, meine innere Entwicklung voranbringen – um jeden Preis. Dafür lebte ich jetzt.

Verschiedene Anrufe aus dem Kreis der bisherigen Kursteilnehmer ermutigten mich auf diesem Weg. Sollte ich ein weiteres Auditing ins Auge fassen? Längst waren die seelischen Strapazen des ersten Auditings vergessen. Meine Neugierde war geweckt, auf diesem Weg mehr über mich und mein früheres Leben zu erfahren. So fand ich mich am nächsten Wochenende wieder in Frankfurt ein und wurde – wie immer – herzlich willkommen geheißen.

Doch nicht ich sollte bestimmen können, wie meine Weiterbildung aussehen würde. Völlig überraschend kam die mir bereits bekannte „Verkaufsdame" auf mich zu und erklärte, dass ich im Moment nur von einem neuen Auditing wirklich profitieren könnte. Als sie mir jedoch den Preis nannte, war ich einen Moment lang geschockt: 7.200 Mark für 12,5 Stunden Auditing sollten es sein. Ich wollte widersprechen, blieb aber ruhig. Mein Weiterkommen war mir wichtiger. War da so etwas wie eine Sucht, die mich überkommen hatte? Ich wehrte mich innerlich dagegen, brachte es aber nicht fertig, Nein zu sagen. Ich brauchte Auditing, jawohl, ich brauchte es dringend.

Als ob sie meine Gedanken geahnt hätte, meinte die Verkäuferin cool: „Ein Porsche kostet mehr, aber von dem bekommst du keine Antworten auf deine tiefen Fragen – beim Auditing jedoch erhältst du alle Antworten, die du brauchst."

Ja – und diese Antworten wollte ich. Ich wusste, dass ich

den Betrag noch auf dem Konto hatte. Sofort schob mir die Dame ein Zahlungsformular zur Unterschrift hin. Ein teures Unterfangen! Doch ich war mir sicher, der Einsatz würde sich lohnen.

## Völlig ausgeleert

Schon befand ich mich auf dem Weg in den ersten Stock zu den Auditingräumen. Ich musste mich gedulden, denn zwei Leute saßen bereits im Warteraum. Mir fiel auf, dass sie gar keine Notiz von mir nahmen, als ich eintrat. Sie waren ganz vertieft in ihr Gespräch und gebrauchten dabei Worte, die ich vorher noch nie gehört hatte. Woher sie wohl kamen? Worüber sie sprachen? Einige Gesprächsfetzen bekam ich mit. Diese Situation erzeugte in mir ein gewisses Unwohlsein.

Doch bald trat ein Mann auf mich zu, bat mich in eines der Zimmer und forderte mich auf, am Tisch Platz zu nehmen. Wieder stand das Gerät da, wieder konnte ich nur die Rückseite sehen. Er ließ mich die beiden Dosen in die Hand nehmen.

„Bitte, nun drücke sie wieder. Danke! – Wie geht es dir? – Sitzt du gut? – Hast du Kritik zu äußern?"

Es folgten die gleichen Fragen wie zu Beginn der letzten Sitzung, von denen ich die meisten nicht beantworten konnte. Wieder sein stechender Blick und die schneidende Stimme!

Ich bemühte mich, nach bestem Wissen Auskunft zu geben, merkte aber, dass er meine Antwort oft gar nicht abwartete und immer nur auf das Gerät starrte.

Das alles verunsicherte mich sehr. Ich fragte mich: Verberge ich etwas? Ist da etwas in meinem Unterbewusstsein, was das Gerät dem Auditor anzeigt? Ja, ich war plötzlich davon überzeugt, dass der Mann gegenüber mit dem Gerät mein Innerstes durchschaut. Und nur wenn ich es ganz auskehren, ja auch meine intimsten Gedankengänge preisgeben würde, könnte ich auf der Brücke zur völligen Freiheit weiterkommen.

Als er aber bei einer bestimmten Frage nachhakte, sträubte sich alles in mir dagegen. Trotzdem fragte er weiter, emotionslos, gnadenlos, bis zum Erbrechen. Tatsächlich, mir wurde übel, ich musste mich übergeben. Schnell reagierte er, stand von seinem Platz auf, reichte mir Eimer und Papierhandtücher. Und schon saß er wieder vor dem Gerät.

„Was ist da? Schau hin!", forderte er mich erneut auf. Ich hatte keine Chance, ich musste alles herausreden, preisgeben … und immer wieder schrieb er schnelle Notizen auf sein Papier.

„Okay, danke!"

Erleichtert, dass diese bohrenden Fragen aufhörten, ließ meine Übelkeit nach. Den weiteren Fragen setzte ich kaum noch inneren Widerstand entgegen. Mehr und mehr kehrte ich mein Inneres aus und verspürte sogar so etwas wie innere Befriedigung und Befreiung.

Das „Sich-Ausleeren" hatte mir irgendwie gut getan. Vergessen die Übelkeit! Vergessen das Erbrechen! Vergessen die Frageprozedur! Was war eigentlich mit mir geschehen? Erleichtert stand ich auf und „schwebte" nach unten. Doch lange konnte ich mich meinen neu erwachten Gefühlen nicht hingeben.

„Schreib einen Erfolgsbericht!", forderte mich plötzlich jemand auf. Wer es war, daran kann ich mich nicht mehr erinnern, jedoch musste er wohl gut meine innere Stimmung durchschaut haben. Sie sollte nicht verfliegen, sollte „in Wort und Schrift" festgehalten werden. Nichts sollte verloren gehen. Erst viel später habe ich erfahren, warum Scientology alles schriftlich festhält und wie man diese Notizen dazu nutzt, um kritische Mitglieder fertigzumachen.

Ohne kritisches Hinterfragen, wie in Trance, machte ich mich an die Arbeit. Mein befreiendes Erlebnis, es lag hinter mir. Wie Wasser in einer Schale sollte es aufgefangen und bewahrt werden. Ich hatte mein Innerstes preisgegeben, mich ausgekehrt, es hatte mich „leicht, frei von Lasten" werden lassen; aller Ballast war von mir abgefallen. Ich hatte einige tausend Mark dafür hingeblättert – vorbei, vergessen! Der Verlust tat mir nicht wirklich weh.

## Die Droge Scientology wirkt

Ein innerer Prozess war in Gang gekommen, den ich zwar in mir fühlte, der sich aber nicht so leicht beschreiben lässt. Ich fühlte mich irgendwie „geöffnet" auf das hin, was Scientology mir an Neuorientierung anbot. Ich war, teilweise zumindest, unkritisch geworden. So verstand ich selbst nicht ganz, wie ich plötzlich an Dinge wie Reinkarnation glauben konnte. Ich hätte das niemals für möglich gehalten. Wie ein Sog war der Wunsch in mir aufgebrochen, auf dem beschrittenen Weg weiterzumachen.

Das Ziel des „Clear", des vollkommen geklärten und damit erlösten Menschen, hatte mich ergriffen, das erste große Ziel auf der Brücke zur völligen Freiheit. Ich war auch bereit, den Preis dafür zu bezahlen – mein Sparguthaben von 70.000 Mark und den weitaus höheren Preis, die Beziehung zu meiner Tochter aufs Spiel zu setzen, vielleicht gar zu verlieren!

„Mama geh nicht so oft fort! Ich will nicht immer zu Oma,

ich will mal wieder in meinem Zimmer spielen!" Erst viel später war ich in der Lage, die Worte meines Kindes an mich wirklich heranzulassen. Im Moment war ich eine Getriebene auf dem Egotrip nach Macht, Einfluss, Selbstverwirklichung und vor allem Erfolg.

Ich absolvierte etliche Kurse und Auditings, für die ich auch noch ein Darlehen bei meiner Bank aufnahm. Bei einem dieser Kurse wurden wir Teilnehmer aufgefordert, die Namen und Anschriften aller wichtigen Leute aus Wirtschaft, Politik, Kunst und Unterhaltung, die wir persönlich kannten, niederzuschreiben. Ich ließ mich somit – wie alle anderen auch – dazu benutzen, Scientology mit den Personen bekannt zu machen, die für diese Organisation die wichtigsten waren: einflussreiche Leute mit viel Geld.

Bereits nach sechs Monaten, im Dezember 1989, wurde mir der Status des „CLEAR" zuerkannt. Für meine Leistungen erhielt ich als „Clear Nummer 59094" ein Zertifikat von der Scientology Church ausgehändigt.

Doch ich fühlte mich immer noch nicht frei und wollte mich erst recht nicht auf diesem „Polster" ausruhen. Die Registrare, die berüchtigten Kassierer der Scientology, setzten sofort an. Das neue Ziel war der „Operierende Thetan", ein Mensch, der „Herrscher über Materie, Zeit, Raum und Energie" sein sollte, also letztendlich alles beherrschen konnte: den eigenen Körper sowie die sichtbare und unsichtbare Umgebung. (Der Glaube an eine unsichtbare Welt war mir von meinem katholischen Glauben her durchaus geläufig.) Der Preis für diese „völlige Freiheit": 28.000 Mark. Ein Registrar schob mir den bereits ausgefüllten Abbuchungsauftrag hin, ich unterschrieb wie fremdbestimmt.

Der Fisch hatte Köder samt Angelhaken verschluckt – noch

wähnte er sich frei, nahe der eigentlichen Bestimmung seines Lebens. So war auch ich bereit, alle Mühen und finanziellen Verpflichtungen auf mich zu nehmen. Ohne dass ich mir dessen so richtig bewusst wurde, geriet ich mehr und mehr unter den Einfluss der Scientology.

## Das Angebot

In dieser Zeit dachte ich an meine Wirtin aus dem Weinlokal zurück. Sie hatte mich ja auf den guten Weg gebracht, auf dem ich mich meiner tiefsten Überzeugung nach befand. Ich wollte mich persönlich bei ihr bedanken und besuchte sie spontan in ihrer Weinstube.

Das Lokal war an diesem Abend gut besucht. Die Frau berichtete mir voller Stolz: „Das verdanke ich nur den Kursen und Auditings. Jetzt kann ich mit meinen Gästen viel lockerer umgehen. Ich kann sie hervorragend bewirten und bedienen. Sie spüren mir meine Power direkt ab."

Unter den Gästen tauchten an jenem Abend zwei uniformierte Männer auf. Viel später erfuhr ich von der Wirtin, dass es Geldeintreiber aus der scientologischen Oberorganisation in England waren, die den Auftrag hatten, ihr weitere Kurse und Auditings zu verkaufen. Diese beiden Männer stellten ihr zwei Tage lang nach, hielten sich tagsüber in ihrem Lokal auf und schliefen nachts im Auto vor ihrem Haus, um sie am nächsten Tag wieder auf weitere Geldzahlungen anzusprechen. Unter diesem Druck hatte die Frau damals ihre Lebensversicherung, die sie als Altersicherung angelegt hatte, gekündigt – nur um die beiden loszuwerden.

Das konnte ich an jenem Abend natürlich nicht wissen. Die

beiden Männer begrüßten auch mich freundlich, stellten sich als Scientologen vor und berichteten, dass sie für einen jungen Stuttgarter Unternehmer unterwegs seien. Ich fragte interessiert nach.

„Der junge Ingenieur plant, ein marodes Stahlbauunternehmen bei Stuttgart zu kaufen, zurzeit laufen die Verhandlungen. Der Unternehmer sucht scientologische Mitarbeiter, die ihm beim Wiederaufbau der Firma helfen. Er möchte mit ihrer Hilfe den Betrieb umgestalten und ethisch aufbauen. Wäre das nicht eine interessante Tätigkeit für Sie?"

Der Haken saß tief. Das war es doch, was ich mir schon immer vorgestellt hatte! Noch zögerte ich.

„Nein! Nein! Ich habe doch einen Job, verdiene gut, fahre einen Firmenwagen und genieße auch sonst alle Vorteile meiner Position!"

„Aber dein Job ist doch unethisch!", wandte einer der beiden ein. „Musst du dort nicht Dinge tun, die nicht in Ordnung sind?"

Ich war verblüfft. Woher wussten die beiden das von mir? Nur im Auditing, an keiner anderen Stelle, hatte ich über Unregelmäßigkeiten in dieser Firma geredet. Jedoch fragte ich nicht weiter nach – zu faszinierend war die Vorstellung, endlich „ethisch" arbeiten zu können. Natürlich ethisch in meinem Sinne … so wie ich gewohnt war, Ethik zu verstehen: humane Werte leben – auch in der Wirtschaft! Welch eine Herausforderung! Welch eine Chance! Ein „ethisches" Vorzeigeunternehmen mit aufbauen zu dürfen. Dieses Ziel würde sich lohnen, auch wenn ich dafür meinen gut bezahlten Job aufgeben müsste! Und schon war ich fest entschlossen, diese Herausforderung anzunehmen, und ließ mich mit dem neuen Unternehmer verbinden.

## Abbruch aller Beziehungen

Schon am nächsten Tag saß ich mit meinen Bewerbungspapieren im Auto und fuhr nach Esslingen. In der Firma traf ich auf einen dynamischen und visionären Menschen, der mich stark beeindruckte. Er war ein hoch angesehener Scientologe, ein „patron meritorious". Diesen Status erhielt man nur, wenn man 250.000 Dollar in die Kriegskasse der Scientologen spendete.

Nach einstündigem Gespräch und dem Sichten meiner Papiere wurde ich zum 1. Januar 1990 eingestellt. Auch die anderen anwesenden Herren drückten ihre tiefe Überzeugung aus, dass ich die richtige Person für den Neuaufbau der kaufmännischen Abteilung sei. Diese schnelle Entscheidung überraschte mich sehr, das hatte ich nicht einmal zu hoffen gewagt. Aber ich fühlte mich natürlich geschmeichelt. Zufrieden kehrte ich ins Saarland zurück, um meine beruflichen Zelte dort abzubrechen.

Mein bisheriger Chef war angesichts meiner überstürzten Kündigung fassungslos. Immer wieder schüttelte er den Kopf. „Wie kann man nur ...!" Jedoch ließ ich mich davon nicht beeindrucken. Die Bedenken, die er vorbrachte, konnten an meinem Entschluss nicht rütteln. Sie prallten ab wie an einer Wand.

Ich war überzeugt, mit meiner Entscheidung für Esslingen völlig richtig zu liegen. Die Möbel würde ich irgendwo unterstellen, bis ich eine geeignete Wohnung gefunden hätte. Mein Sohn war bereits selbstständig und blieb im Saarland. Meine sechsjährige Tochter würde sich in ihrer neuen Umgebung gut einleben. Ich würde eine gute Aufsichtsperson für sie finden und ansonsten meinen Arbeitstag so gestalten, dass sie schon nicht zu kurz kam. Ich war felsenfest davon überzeugt, alle Schwierigkeiten meistern zu können ...

Kurzfristig ging meine Rechnung auch auf. Erst später sollte ich spüren, wie ich mich durch Scientology hatte steuern lassen. Wie rücksichtslos ich mein bisheriges Leben einfach beiseiteschob, ohne an meine Kinder zu denken. Noch länger dauerte es, bis mir klar wurde: Genau im Sinne von Scientology hatte ich gehandelt, als ich Hals über Kopf die gewohnte Umgebung verließ und alle menschlichen Bindungen zu Verwandten und Freunden hinter mir abbrach. Damit war ich dem Einfluss der Organisation ausgesetzt wie nie zuvor. Das Netz hatte sich zusammengezogen.

# In der scientologischen Firma

Der erste Eindruck in der neuen Firma wollte mich deprimieren. Was ich vorfand, waren unpraktisch eingerichtete Büroräume, heruntergekommene Arbeitsplätze, wenig motivierte Mitarbeiter – doch ich machte mich gleich an die Arbeit. Mein Auftrag bestand darin, die kaufmännische Abteilung neu zu organisieren, dabei die bisherigen Mitarbeiter, die laut Kaufvertrag mit zu übernehmen waren, für die neuen Wege zu motivieren. Der Arbeitsablauf sollte möglichst bald reibungslos funktionieren.

Meine Möbel konnte ich im großen Bungalow des Unternehmers abstellen, bis ich eine geeignete Wohnung gefunden hatte. Mein Chef versprach, mir dabei behilflich zu sein, allerdings zog sich die Suche einige Monate hin. Schließlich fand sich eine schöne Maisonettewohnung in der vierten Etage eines großen Wohnhauses.

Meine kleine Tochter blieb vorerst überwiegend im Saarland bei meinen Eltern wohnen. Ich hätte ohnehin wenig Zeit für sie gehabt, denn schon frühmorgens um sieben Uhr war ich in der Firma und verließ meinen Arbeitsplatz erst am späten Abend. Mein Chef wollte das marode Unternehmen möglichst schnell zum Expandieren bringen. Ein ehrgeiziges Ziel, bei dem ich ihn als Stellvertreterin nach Kräften unterstützte.

Die Öffentlichkeitsarbeit lief gut. Die politisch wichtigen Leute vor Ort luden wir in das Unternehmen ein – sie waren regelrecht begeistert von uns. Von den bisherigen Stahlbauprojekten des Unternehmers wurden Hochglanzprospekte gefertigt, eine Firmenzeitschrift entstand, in der nach und nach die einzelnen Mitarbeiter-Teams vorgestellt werden sollten. Ein neues „Org-Board", eine Organisationstafel, genau nach scientologischer Vorschrift, wurde vom Unternehmer eingeführt. Und nach diesem Prinzip wurde die gesamte Firma umgebaut.

## Ständig steigende Statistiken

Schon bald zeigte sich, dass die scientologische Maxime, „ständig steigende Statistiken" aufzuweisen, die einzige Richtschnur für das Handeln des Unternehmers war. Der erste Schritt war, den übernommenen nicht-scientologischen Mitarbeitern Kurse bei scientologischen Beratern zu verordnen. Sie sollten die neue Arbeitsweise kennenlernen: Leistung und immer mehr Leistung. Diese Leistungssteigerung sollte genau dokumentiert werden. Die Mitarbeiter erhielten Millimeterpapier und sollten vorgegebene Daten eintragen, zum Beispiel die Sekretärin, wie viele Briefe sie geschrieben hatte, der Einkäufer, wie viele Bestellungen er erledigt hatte, die Zentrale, wie viele Telefonate sie angenommen und weitergeleitet hatte. Auf diese Weise wurden die Statistiken täglich „bearbeitet". Solch eine Vorgehensweise hatte ich noch nirgends kennengelernt.

Die übernommenen Mitarbeiter wussten nichts von Scientology, aber es fiel auf, dass sich im ganzen Unternehmen eine unheimliche und angespannte Atmosphäre breitmachte. Innerhalb der ersten drei Monate kündigte fast die Hälfte der Belegschaft. Genau das war beabsichtigt. Diese Mitarbeiter befanden sich laut Scientology in „Apathie" – sie waren nicht leistungsfähig, wurden nicht gebraucht. Ersatz war schnell gefunden, meist Leute aus scientologischen Kreisen.

Auf diese Weise arbeiteten bald immer mehr Scientologen in der Firma.

Die scientologischen Mitarbeiter erhielten vom Chef schriftliche Aufforderungen, mit „Studierorder" überschrieben. Sie mussten bestimmte Vorschriften im scientologischen Ethik-Buch lesen und schriftlich ausarbeiten, zum Beispiel, wie die Macht eines „Führers" erweitert werden kann.

## Schwarzgeld

An einem Morgen – auf dem Schreibtisch lagen wieder einmal Kündigungen von Mitarbeitern – klopften der Finanzbuchhalter und Lohnbuchhalter an: „Wir haben ein größeres Problem. Schauen Sie sich das doch bitte einmal an!"

Ich bat sie, Platz zu nehmen.

„Jeden Monat werden hohe Beträge entnommen ..." Sie zeigten mir die Belege. In der Tat, Beträge zwischen 70.000 und 100.000 Mark standen dort!

„Uns fehlen die Gegenbuchungen dazu. Wir wissen nicht, was mit dem Geld geschieht!", teilten sie mir noch mit.

Ich war völlig überrascht! Was konnte das sein? Ich musste zugeben, von solchen Vorgängen bisher nichts mitbekommen zu haben. Aber ich versprach ihnen, der Sache nachzugehen und dann Bescheid zu geben. Sie kehrten in ihre Büros zurück.

Wieso erhalte ich keine Information über derartige Geldbewegungen? Ärger stieg in mir auf. Ich wurde beim Unternehmer im Zimmer nebenan vorstellig, schilderte ihm die Situation und fragte ihn, wozu diese Gelder verwendet würden.

„Das ist ganz einfach!", antwortete er gelassen. „Als ich

die Firma kaufte, habe ich meine Statistik erstellt. Aber wir waren weit davon entfernt, diese Vorgaben zu erreichen. Ich habe dann die Arbeiter in der Produktion angesprochen und sie gebeten, doch schneller und mehr zu arbeiten. Sie wollten aber nicht. Sie waren der festen Meinung, dass sie genug arbeiteten, und bei Überstunden würde das Finanzamt ohnehin so viel einbehalten. Mehr Arbeiter kann ich aber nicht einstellen, weil nicht mehr Arbeitsplätze vorhanden sind. Und da habe ich den Arbeitern versprochen, dass sie ab sofort jede Überstunde bar ausgezahlt bekommen. Und jetzt arbeiten sie ... schnell und viel. Sieh doch, wie die Statistiken gestiegen sind – in allen Abteilungen! Ich kann die Angebotspreise reduzieren und erhalte jede Menge Aufträge!" Es klang richtig euphorisch.

Ich war schockiert. „Aber das ist doch Schwarzgeld ... und illegal obendrein! So kann ich das nicht verbuchen, ich werde es ganz bestimmt nicht tun!", teilte ich ihm mit. Mein Entschluss dazu stand sofort fest.

Er erklärte, dass er mit einem Subunternehmer Werkverträge abschließen und darüber Rechnungen erhalten werde. Diese sollte ich dann gegenbuchen. Die Werkverträge waren natürlich fingiert.

„Nein! Es bleibt dabei! Das mache ich nicht mit!", widersprach ich und verließ erzürnt den Raum. Seine Antwort auf meine Weigerung sollte ich am nächsten Tag erfahren.

In meinem Büro dachte ich an das Versprechen, das mir bei der Einstellung gegeben wurde, nämlich die Firma „ethisch" aufzubauen. Ich konnte es nicht fassen! Das soll „ethisch" sein? Meine Vorstellungen darüber muss er doch kennen! Versteht mein Chef am Ende etwas ganz anderes darunter als ich?

Vielleicht will er auch etwas anderes darunter verstehen! Aber ist es bei diesen Geldern nicht ganz eindeutig, dass ich richtig liege und nicht er? Ich bleibe dabei: Es soll alles ethisch einwandfrei zugehen – und ich werde keine Schwarzgelder verbuchen!

## Eine andere Art von Ethik

Am nächsten Morgen betrat mein Chef in aller Frühe mein Büro – in Begleitung eines Scientologen, den ich aus Frankfurt bereits kannte. Er stellte ihn mir als neuen Unternehmensberater und „externen Ethikoffizier" vor:

„Er wird ab sofort für die Ethik aller Mitarbeiter in der Firma verantwortlich sein", erklärte der Unternehmer. „Er hat unter anderem die Aufgabe, die Statistiken zu kontrollieren und auszuwerten und mir zu berichten." Dann verließ er den Raum und ließ mich mit dem Mann allein.

Der Berater setzte sich mir gegenüber. „Die Kommunikation in dem Unternehmen stimmt nicht, es muss etwas getan werden", sagte er, während er in einem Buch von WISE (World Institute of Scientology Enterprises) das Kapitel „Administration" aufschlug. „Wir müssen mehr darüber wissen, was im Unternehmen vorgeht. Ich gebe jetzt folgende Anweisung heraus: Ab sofort soll jeder Mitarbeiter über jegliches Fehlverhalten des anderen berichten. Lies diesen Abschnitt, da steht alles über diese Wissensberichte!"

Er legte mir die scientologische Anweisung auf den Schreibtisch. Dann forderte er mich auf, für jeden Mitarbeiter eine Akte anzulegen, in der die gesammelten Aufzeichnungen abgeheftet werden sollten. In bestimmten Abständen würde er Einsicht in diese Berichte nehmen und entsprechende Maßnahmen in die Wege leiten. Dass er darunter *Straf*maßnahmen verstand, war mir damals noch nicht bewusst. Damit war ich als „interne Ethik-Offizierin" zu seiner Handlangerin geworden. Sollte hier ein Spitzelsystem aufgebaut werden? Den Gedanken schob ich sofort beiseite, denn zu diesem Zeitpunkt war ich vom scientologischen Gedankengut immer noch fasziniert.

Die „neue" scientologische Regel lautete: Ab sofort musste jegliche Kommunikation schriftlich geführt werden. Jede Auffälligkeit und jedes Fehlverhalten waren schriftlich festzuhalten! Später bekam ich mit, dass in diesen „Wissensberichten" alles über die Mitarbeiter niedergeschrieben wurde: Kurzinfos und Einschätzungen über Mitarbeiter, wann einer eine Pause einlegte, wie oft jemand zur Toilette ging, wer mit wem ein Verhältnis hatte …

Ich sah sofort eine Chance für mich und schrieb sogleich einen Bericht über die Schwarzgeldzahlungen. Darin machte ich deutlich, dass ich nicht bereit sei, diese Gelder zu verbuchen. Der scientologische Unternehmensberater würde sicherlich gleich einschreiten und diese kriminellen Handlungen unterbinden.

### Erste Strafzuweisung

Doch stattdessen lag am nächsten Morgen auf meinem Schreibtisch ein Zettel mit einer kurzen, förmlichen Bemerkung des Unternehmensberaters: „Frau Schweitzer, ich weise Ihnen den Ethik-Zustand ‚Feind der Firma' zu! Sie müssen sich den Wiedergutmachungsschritten, wie im Ethikbuch beschrieben, unterwerfen. Bis dahin ist keine Tätigkeit im Unternehmen mehr erlaubt!"

Ich war schockiert: Was bedeutete das alles? Was hatte ich mir zuschulden kommen lassen? Was sollte ich wiedergutmachen? Wo steckte der Schreiber des Zettels? Ich musste ihn unbedingt sprechen, er musste doch irgendwo im Unternehmen zu finden sein. Als ich ihn kurz darauf traf, legte ich ihm das Geschriebene vor: „Ich bitte um eine Erklärung!"

„Du bist gegen steigende Statistiken vorgegangen?"

„Wie bitte?"

„Die Statistiken steigen und du weigerst dich, Gelder zu verbuchen!"

„Die Gelder sind illegal gezahlt, sie sind weder versteuert noch sind Sozialversicherungsabgaben einbehalten worden!"

Er erklärte mir, das Finanzamt und die anderen Behörden seien Unterdrücker! Dieses Wort hatte ich bereits öfters gehört: Menschen, die sich kritisch gegenüber Scientology oder Scientologen äußerten, ebenso Behörden, die Gelder einforderten, wurden als Unterdrücker bezeichnet. Zum ersten Mal fühlte ich mich machtlos und ausgeliefert.

Der Unternehmer als Ehrenmitglied von Scientology und der von ihm abhängige Unternehmensberater gingen hier Wege, die ganz bestimmt nicht mit dem scientologischen Gedankengut übereinstimmten, so war mein erster Gedanke.

### Ich gebe nicht auf!

Ich wollte mich aber nicht kleinkriegen lassen. Im Gegenteil, ich wollte kämpfen, denn ich fühlte mich im Recht. Mein Chef – davon war ich überzeugt – hatte gegen die von mir nach wie vor als gut eingeschätzten Prinzipien der Scientologen verstoßen.

Ich ging in mein Büro, nahm das scientologische Ethikbuch und vertiefte mich in die vorgegebene Literatur. Der Wiedergutmachungsschritt hieß: Finden Sie heraus, wer Sie sind!

Ich konnte mit dieser Aufforderung zwar nicht viel anfangen, aber ich schrieb trotzdem etwas über mich auf. Nun sollte ich mit diesem Schriftstück zu dem Unternehmer gehen und es ihm zeigen. Dieser sollte mir dann mit seiner Unterschrift eine Absolution erteilen, damit ich weiterarbeiten konnte.

Ich gehorchte und ging zu meinem Chef; der unterschrieb und ich durfte weiterarbeiten. Die Angelegenheit war damit für mich erledigt. Ich hatte meine Schuldigkeit getan. Ich war nun felsenfest davon überzeugt, dass die illegalen Auszahlungen aufhören würden. Doch weit gefehlt! Der Chef war nicht bereit, die Dinge zu ändern.

Die neuen Anordnungen des Unternehmensberaters hatten das Betriebsklima negativ verändert: Argwohn und Misstrauen machten sich breit. Jeder musste befürchten, vom anderen denunziert zu werden. In meiner Funktion als interne Ethik-Offizierin war ich an der Klimaverschlechterung maßgeblich beteiligt.

In den Abteilungen, wo Scientologen arbeiteten, sah man die roten Linien auf dem Statistikpapier stetig in die Höhe steigen. In anderen Bereichen dümpelten die Ergebnisse eher vor sich hin, keine Steigerung war erkennbar. Der Berater wertete die Daten aus, zeigte Schwachstellen auf und berichtete alles der Geschäftsführung. Die entsprechenden Mitarbeiter wurden auf weitere Kurse geschickt, dort in ein Gedankengut eingewiesen, das sie nicht durchschauten. Der Druck im Unternehmen wurde immer weiter erhöht. Regelmäßig lagen morgens Kündigungen auf meinem Schreibtisch, die ich bearbeiten musste.

Aber auch meine Berichte über die Zahlungen von Schwarzgeld sowie die vom Berater für die Belegschaft angeordneten Wiedergutmachungsschritte bewirkten nichts. Ganz im
Gegenteil: Der Mann, der die Schwarzgelder monatlich auf
Anweisung des Unternehmers immer noch austeilte, kam
auf mich zu. Er erzählte mir, dass er große Probleme mit den
Werkverträgen hatte.

Ich versprach dem Mann Hilfe, schrieb einen nächsten Wissensbericht und gab ihn gleich an den Ethik-Offizier weiter. Er
sollte wissen, dass der Chef keine Veränderungen vorgenommen hatte. Jetzt müsste er doch Druck auf ihn ausüben! Oder
würde ich wegen meiner Kritik wiederum als die Schuldige
dastehen?

# Die Kleine schiebe ich immer mehr ab ...

Während ich heute diesen Satz niederschreibe, steigen Fassungslosigkeit und Scham in mir hoch. Damals aber tat ich es: die Kleine, meine eigene Tochter ... hergeben, abschieben an Nachbarn, Verwandte, je nachdem, wer gerade zur Verfügung stand. Sie wurde im Sommer 1990 in Stuttgart eingeschult, das war das Jahr, in dem ich in dem scientologischen Betrieb arbeitete. Sie musste von Anfang an allein zur Schule gehen und dabei eine belebte Hauptstraße überqueren. Auch bei den Hausaufgaben war sie allein auf sich gestellt. Ich dachte mir wenig dabei, schon gar nicht, wie wohl mein Kind das alles verkraften würde.

Heute bin ich dankbar, dass meine Tochter diese immensen Schwierigkeiten gut überstanden hat, ihren Weg in Ausbildung und Beruf gefunden hat und nicht mehr an den Folgen meiner Erziehungsmängel zu leiden hat.

## *Mama, ich wollte doch nur spielen ...*

Eines Tages hatte die Nachbarin, die meine Kleine beaufsichtigen wollte, nur bis vier Uhr Zeit. Aber zu diesem Zeitpunkt konnte ich unmöglich schon zu Hause sein. An meinem neuen Wohnort hatte ich noch keine Freunde, also auch niemanden, der hätte einspringen können. Ich dachte mir: Ach, sie kann doch auch mal ein paar Stunden allein in der Wohnung bleiben. Was ist schon dabei?

Gegen fünf Uhr klingelte plötzlich das Telefon in meinem Büro. Die Mieterin unterhalb meiner Wohnung war am Apparat.

„Hallo, Frau Schweitzer! Da steht die Polizei vor Ihrer Wohnungstür und klopft. Da ist wohl Ihre Tochter drin, aber sie macht nicht auf. Kommen Sie doch schnell!"

Aufgeregt gab ich im Büro Bescheid und fuhr eilig zu meiner Wohnung, die ich sonst nur in der Nacht sah. Dort wurde ich schon von der Polizei erwartet. Hastig sperrte ich auf.

In Tränen aufgelöst, weinend und total verzweifelt fand ich meine Tochter vor: „Ich darf doch für niemand aufmachen! Aber es hat immerzu geklopft!"

Ich sah die Polizisten fragend an. „Warum wollen Sie denn überhaupt in die Wohnung?"

„Na, dann schauen Sie mal von ihrem Balkon hinunter!"

Plötzlich lief mein Kind verängstigt und schreiend auf mich zu, hielt sich an mir fest und weinte bitterlich: „Mama, ich habe doch gar nichts gemacht! Ich habe doch nur gespielt!"

Was war geschehen? Ich warf einen Blick vom Balkon auf die Straße hinunter. Ganz unten standen drei Autos. Als die zwei Polizisten den Balkonblumenkasten genauer ansahen, prüfend spitze Steinchen, die in der Blumenerde lagen, in die Hand nahmen, schwante mir etwas! O Schreck!

Da berichteten die beiden, dass von hier oben unaufhörlich Steinchen auf die drei Autos gefallen seien und die Wagen beschädigt hätten. Die Fahrzeughalter hatten bei der Polizei angerufen und um Hilfe gebeten.

„Mama, ich habe doch nur gespielt!" ... So klangen mir wieder die Worte meines Kindes im Ohr. Das war es: Die Kleine hat sich alleine gelangweilt und ein Spiel gesucht. Ich schimpfte mit ihr, ohne ihr Leid wirklich zu erfassen, und versprach den Beamten: „Ich werde das regeln!"

„Sie werden sicherlich eine Schadensrechnung erhalten. Vielleicht wird Ihre Haftpflichtversicherung den Schaden übernehmen." War damit alles wieder in Ordnung? Ich fühlte, dass für mein Kind dringend eine sinnvolle Beschäftigung gefunden werden musste, und rief bei Scientology in Stuttgart an.

## Auch Kinder werden erpresst

„Ja, natürlich können wir Ihnen helfen!", erfuhr ich dort. „Wir bieten auch Kurse für Kinder an! Bringen Sie die Kleine doch einfach bei uns vorbei!" Ich war erleichtert und ging an diesem Abend nicht mehr ins Büro zurück.

Am nächsten Tag brachte ich meine Tochter zwischendurch nach Stuttgart und gab sie im Scientology-Büro ab. Sie wollte nicht dort bleiben, schrie, jammerte und klammerte sich an mich! Aber es half nichts, schließlich musste ich ja zur Firma. Wie hätten wir sonst ohne mein Einkommen leben können?

Ich dachte nicht weiter nach: Was waren das eigentlich für Kurse, die Scientologen für Kinder anboten? Welchem Einfluss wurde meine Tochter ausgesetzt? Ich habe damals geglaubt, dass es ihr dort gut ging.

Dieser Glaube sollte jedoch nicht lange währen. Am späten Abend wurde meine Tochter von einem Mann und einer Frau von Stuttgart zu mir zurückgebracht. Die Kleine schrie und weinte fürchterlich und hatte einen dicken roten Kopf. „Was ist mit ihr?", fragte ich entsetzt.

„Ach, das ist kein Problem! Sie wird sich schon abregen."

„Warum weint sie so?" Meine Frage wurde überhört, die beiden mussten gleich wieder weg.

Ich nahm meine Tochter in den Arm, drückte sie fest, fest

an mich! Ich spürte etwas, das ich schon lange nicht mehr so empfunden hatte. War es das lang vermisste menschliche Mitgefühl, etwas wie Mutterliebe? Ich hatte nur kurze Zeit zum Überlegen, redete beruhigend auf das Kind ein, sie durfte sogar mit in mein Bett. Irgendwann wurde sie ruhiger, weinte und wimmerte nur noch leise, ihr Schluchzen wurde schwächer.

Da fragte ich: „Warum hast du so geweint?"

„Mein Teddy; mein Teddy!"

Dann erzählte sie, dass eine Frau sie hatte zwingen wollen, mit in die Sauna zu gehen. „Aber ich wollte doch nicht dorthin! Dann hat sie mir meinen Teddy genommen und gesagt: Den bekommst du erst zurück, wenn du mitgehst!"

Ein Saunaseminar für Kinder? Was soll das? Kinder gehören doch nicht alleine in die Sauna, schon gar nicht stundenlang … sie können auch nicht so viele Vitamine schlucken … Armes Kind! Die Gedankenlosigkeit deiner Mutter hatte dich in diese hässliche Lage gebracht!

Tapferes Kind! Du hast es geschafft, hast dich nicht erpressen lassen: Geschrien, laut geschrien, verzweifelt laut geschrien hast du – und dein Recht bekommen! Ich kann stolz auf dich sein!

Niemals mehr habe ich anschließend meine Tochter mit Scientology in Berührung gebracht.

# St. Hill – Straflager der Scientologen

Die Antwort auf meinen Wissensbericht fiel noch schlimmer aus, als ich befürchtet hatte. Ich erinnere mich genau – es war August 1990 – als mich überraschend ein Telex aus England erreichte: „Frau Schweitzer, kommen Sie sofort nach St. Hill!" Ich wunderte mich. Was hatte das zu bedeuten? In St. Hill in England befand sich die Sea Org, eine höhere Organisation der Scientology. Was wollte man dort von mir? Wer hatte das veranlasst? Der Unternehmer, der Berater? Ich war felsenfest davon überzeugt, dass die Auszahlung der Schwarzgelder illegal war und dass das scientologische Ethik-System der Sea Org es genauso sehen würde. Das war *die* Chance, über das kriminelle Vorgehen in der Firma an für mich kompetenterer Stelle zu berichten. Dann würde sich alles klären. Ja, ich wollte der Aufforderung folgen.

Wenige Tage später – an einem Freitagnachmittag – bestieg ich in Stuttgart das Flugzeug nach London. Unterwegs kreisten meine Gedanken immer nur um das eine Thema: die illegalen Machenschaften im Unternehmen und mein angebliches Fehlverhalten. Den Flug nahm ich kaum wahr, und schon landete die Maschine auf dem Flughafen London Gatwick. Ich nahm mir ein Taxi und fuhr hinaus nach East Greenstead, wo sich St. Hill, die scientologische Oberorganisation, befindet. Der fürstlich anmutende Besitz schaute wie verträumt hinter den Mauern hervor, als der Fahrer in die luxuriöse Einfahrt bog.

Als ich vor einem riesigen Treppenaufgang das Fahrzeug verließ, stieg ein mulmiges Gefühl in mir hoch. Aber auch Wut ... vor allem auf den Unternehmer und den Berater. Sie hatten mich in diese Situation gebracht, für die ich auch noch aus eigener Tasche bezahlen musste. Ich fragte mich immer wieder: Warum mussten nicht *sie* an meiner Stelle hierher kommen? Der Unternehmer war doch für die kriminellen Machenschaften verantwortlich – und der Unternehmensberater deckt ihn ... Aber nein! Mein Denken war falsch! Jeder war doch selbst verantwortlich für das, was ihm zustieß, alles, was ihm passierte! Das hatte ich bei Scientology gelernt ... Aber das konnte ja so nicht stimmen! Ich war doch nicht schuld daran, dass Schwarzgelder gezahlt werden, um die Statistiken zu steigern!

Meine Gedanken drehten sich im Karussell, ohne Ergebnis. Meine Erwartung an die scientologische Oberorganisation war optimistisch: Hier gab es Scientologen mit besserer Ausbildung! Der hier zuständige Ethik-Offizier würde die Situation endlich richtig einschätzen, anders als alle bisherigen Leute. Er würde den Unternehmer zur Rechenschaft ziehen. Immer noch vertraute ich dem ethischen System Scientology voll und ganz!

Nur deshalb war ich hier. Ich wollte endlich meinen Arbeitsplatz so ausfüllen können, wie es mir versprochen worden war. Ich wollte eine anständige Arbeit machen. Auf keinen Fall wollte ich für Vergehen zur Rechenschaft gezogen werden, die andere begangen hatten. Ich war sehr wohl bereit, meine eigenen Fehler und Schwächen einzugestehen – das hatte ich bei Auditings immer bewiesen.

Ich war an dem Eingang des schlossartigen Gebäudes angekommen. Alles wirkte pompös, die Eingangshalle glich einem Luxushotel. Die Atmosphäre aber war erdrückend. Stumm saßen einige Menschen auf den Sitzmöbeln in der

Halle, Uniformierte schritten auf und ab. Eine junge Frau in militärischer Uniform schwang einen weißen Stock beim Gehen drohend durch die Luft und klopfte auf den Sessel damit. Die Stimmung war angespannt.

Ich ging zur Rezeption, wo eine ebenfalls uniformierte Frau meine Anmeldung aufnahm. Sie vermittelte mir eine Übernachtungsmöglichkeit, ein kleines Zimmer außerhalb des Landsitzes, zu Fuß in wenigen Minuten erreichbar. Ich wollte gerade meine Reisetasche dorthin bringen, da hörte ich schon, wie es im Befehlston durch die Halle schallte: „Frau Schweitzer, gleich zur Ethik!"

Ich war bereits angemeldet. Der Ethik-Offizier unseres Unternehmens – so erfuhr ich später – hatte einen Bericht über mich hierher geschickt. Was darin stand? Ich wusste es nicht. Gleich um die Ecke befand sich die Ethik-Abteilung.

## Die Geldpresser

Ich musste warten, denn es waren noch andere vor mir an der Reihe. Gerade wollte ich mich auf einen Stuhl setzen, da kam schon ein Uniformierter überfallartig auf mich zu. Er sprach mich freundlich an, doch ich spürte sofort, dass er gar nicht wissen wollte, warum ich hier war. Er zeigte auch keinerlei Interesse an den Anliegen, die mich beschäftigten. Ich merkte: Sein Bereich war das Verkaufen, er war ein Registrar, ein scientologischer Verkäufer!

„Komm erst einmal mit in mein Büro!", forderte er mich auf. Weitere vier uniformierte Registrare saßen in dem kleinen Raum hinter ihren Schreibtischen und bearbeiteten gestenreich und mit viel Nachdruck ihre „Opfer".

„Du steckst fest, du musst unbedingt weiter an dir arbeiten! Nur so kannst du die nächste Stufe auf der Brücke erreichen."

Er verlangte 17.000 Mark für die weitere scientologische Ausbildung von mir: „Das wird deine Probleme lösen!" Wieder bekam ich einen vorbereiteten Abbuchungsauftrag zur Unterschrift vorgelegt, aber diesmal verweigerte ich mein Einverständnis. Ich wusste, ich war wegen eines Problems hier, für das ich endlich Gehör finden wollte, um es zu lösen!

Sichtlich enttäuscht und unfreundlich ließ der Uniformierte von mir ab. Ich sollte ihm hier nicht zum letzten Mal begegnet sein.

Ich kehrte in den Warteraum zurück. Eigentlich wollte ich mich nun in Ruhe auf das erwartete Gespräch mit der Ethik-Offizierin vorbereiten, aber ich wurde schon wieder aus meinen Gedanken gerissen. Ein Uniformierter kam auf mich zu, diesmal war es ein älterer freundlicher Herr.

„Du kennst doch die IAS (Internationale Scientologen-Vereinigung)", sprach er mich an. „Du hast doch Scientology bisher unterstützt, und – vergiss nicht! – Scientology unterstützt auch dich! Eine gute Arbeit kostet …"

Hilfe, durchfuhr es mich, hört das mit dem Geld denn nie auf?

„Nein!", platzte es aus mir heraus. „Ich warte hier, weil ich ein Problem zu lösen habe …"

„Sicher. Aber gerade dabei profitierst du doch von Scientology. 10.000 Mark solltest du doch spenden … Wieder hielt er mir ein Zahlungsformular zum Unterschreiben vor die Nase. Mein entschlossenes „Nein" schreckte ihn aber keineswegs ab. Zwei Stunden lang versuchte er mich zu überreden, im Guten oder mit Druck. Quälende zwei Stunden war ich sei-

nem Reden ausgesetzt, ohne mich ihm wirklich entziehen zu
können. Es kostete mich gewaltige innere Anstrengung, ruhig
und fest bei meinem „Nein" zu bleiben. Endlich ließ er un-
willig von mir ab.

## Schock im Warteraum

Ich wartete bereits mehrere Stunden. Warum dauerte das alles
so lange? Warum konnte ich nicht wenigstens ruhig dasitzen
und meinen Gedanken freien Lauf lassen? Während ich noch
einmal versuchte, mich auf das kommende Gespräch zu konzentrieren, wurde der Warteraum plötzlich zum Schauplatz
einer menschlichen Tragödie.

Eine junge Frau kam herein. Tränenüberströmt flehte sie
einen der anwesenden Männer an: „Bitte, bitte! Unterschreib
mir! Bitte, bitte!" Sie kniete auf dem Boden, hob die Arme,
bettelte ihn regelrecht an. Sofort erschien eine Uniformierte,
packte die Frau am Arm und zerrte sie außer Sichtweite.

Was ging hier vor?

## Die Ethikabteilung

Plötzlich ertönte die Stimme der Ethik-Offizierin: „Mrs.
Schweitzer, please come in!" Sie bat mich in ihr Zimmer – es
war ein kleiner Raum, auf dem Tisch lagen mehrere Ethik-
bücher.

Endlich, so glaubte ich, würde ich hier Gehör finden und
mein Anliegen erklären können. Ich schilderte die Vorgänge
in der Firma, berichtete von Schwarzgeldzahlungen und dem
Problem des Subunternehmers, welcher die fingierten Rech-

nungen ausstellte. Ich erklärte, dass ich als kaufmännische Leiterin direkt betroffen sei und meine Arbeit in dem scientologischen Unternehmen nicht in der üblichen Weise „ethisch" erledigen könne.

Die Offizierin hörte mir zu, ohne in irgendeiner Weise Verständnis zu zeigen. Ihr Gesichtsausdruck blieb unbeweglich, teilnahmslos, ja gleichgültig gegenüber dem, was ich geschildert hatte. Kein Kommentar kam über ihre Lippen!

Ich nahm einen neuen Anlauf und erklärte, welch große Hoffnung ich auf diese Begegnung gesetzt hätte. Sie ließ mich reden und reden ... zu wem sprach ich eigentlich? Wieso sagte sie nichts? Verstand sie mich überhaupt? Mein Englisch war sicher nicht gut genug.

Später wusste ich, dass der wahre Grund darin lag, dass auch sie ein williges, von oben gesteuertes Werkzeug der Scientology war. Wegen meiner Kritik war ich wie eine Abtrünnige zu behandeln.

### Ich werde zum „Nichts" erklärt

Doch! Endlich bewegte sich etwas. Die Offizierin griff nach dem Ethikbuch und zeigte mir eine Stelle. „Zustand des Nichtsseins" stand da.

„Und? Was hat das mit mir zu tun?", erkundigte ich mich.

„Ich weise dir diesen Zustand zu. Beginne damit und arbeite dich wieder hoch!", verstand ich. Was, ich sollte ein Nichts sein? Warum ausgerechnet ich? Antworten, ein Minimum an Verständnis für mein Anliegen hatte ich erwartet ... und jetzt das! Was sollte das alles?

Ich spürte, wie alles, was ich fühlte, in Verwirrung zerfloss.

Nur mit größter innerer Mühe gelang es mir, einigermaßen gefasst zu bleiben. Keine Antworten, keine Hilfe, nicht einmal das geringste Verständnis seitens meiner „Beichtmutter" hatte ich erfahren! Das war ein Absturz in tiefste Enttäuschung! Allein sein wollte ich jetzt, niemanden mehr sehen oder hören!

## Strafarbeiten in der Zelle

„Geh dort hinein und fang an zu schreiben. Die einzelnen Wiedergutmachungsschritte stehen im Buch", befahl sie mir auf Englisch. Sie drückte mir ein Ethikbuch, einige Blatt Papier und einen Stift in die Hand und wies mir einen engen, kleinen Raum zu, der mich anmutete wie eine karge Zelle. Ein kleiner Tisch und ein Stuhl standen darin, sonst nichts! Da war gerade genug Platz zum Sitzen und Schreiben.

Ich sah, dass mehrere dieser Räume nebeneinander lagen. Die Türen standen halb offen, sodass man erkennen konnte, wer darin saß. Moment mal, das war doch der Zahnarzt, den ich von Frankfurt kannte … Und nebenan, war das nicht der Immobilienmakler aus Hamburg? Was machten die denn hier? Vor den Zellen schritt ein Uniformierter auf und ab wie ein Wachhund.

Ich nahm in dem kleinen Raum Platz und schlug das englische Ethikbuch auf. Aber die Anweisungen verstand ich nicht. Meine Gedanken fingen an zu kreisen:

Bin ich schuld an allem?

Was habe ich falsch gemacht?

Wo bin ich überhaupt hingeraten?

Aber ja, das war es – das war die einzige Erklärung für das Verhalten der Offizierin: Sie hatte mich gewiss nicht richtig verstanden. Sie hatte bestimmt verstanden, dass *ich* für das Schwarzgeld verantwortlich war. Deshalb schrieb ich alles noch einmal auf und erklärte meine Situation.

Ich kam aus der Zelle heraus, ging zurück ins Büro der Ethik-Offizierin und reichte ihr meine beschriebenen Blätter. Ich hatte alles in deutscher Sprache geschrieben. Sie würde meine Erklärung jetzt sicherlich übersetzen lassen und mich nun richtig verstehen. Dann könnte sie die richtige Entscheidung treffen. Noch immer war ich von dem scientologischen Gedankengut so sehr überzeugt, dass mir keine grundsätzlichen Zweifel kamen.

## Demütigendes Betteln

„Geh und lass es dir unterschreiben, ob es so in Ordnung ist. Nur dann kannst du dich weiter herausarbeiten!", wies sie mich an.

Ich zögerte. Hatte ich sie richtig verstanden? Zu wem sollte ich gehen?

„Jeder, der dir begegnet, soll das lesen und unterschreiben, dass er es in Ordnung findet", redete sie weiter!

Wie bitte? Ich sollte Menschen, die ich gar nicht kannte, mein Problem offenbaren? Sie wussten doch überhaupt nichts von meiner Situation. Wie konnten sie unterschreiben, dass meine Darstellung in Ordnung war?

„Geh! Geh!", brüllte mich die Offizierin an.

Gedemütigt, willenlos, ohne zu verstehen, zog ich los. Ich suchte jemanden, der mir einigermaßen symphatisch erschien, und reichte ihm meinen Zettel. Er schaute mich unfreundlich an, las kurz darin und antwortete barsch: „Okay!" Dann gab er mir die Unterschrift.

Der Nächste, ein Uniformierter, las meinen Zettel und sagte lakonisch: „No, I don't!" Sie wussten wohl alle, dass mein Vorgehen von der Ethikabteilung angeordnet war.

Heute weiß ich, dass darin System lag, die Menschen ihrer Würde zu berauben, zum willenlosen Befehlsempfänger herabzuwürdigen, ihnen ihren Wert zu nehmen, um sie abhängig und gefügig zu machen.

Ein mitleidiger Mann, der nächste, den ich ansprach, las und unterschrieb. Vielleicht hatte er ähnliche Erfahrungen hinter sich.

Während ich weiter nach Leuten suchte, die mir meinen Zettel unterschreiben sollten, hörte ich plötzlich wieder ein Jammern. Ein Mann lag auf den Knien, streckte einem Uniformierten die Arme mit seinem Zettel hoch und bettelte um eine Unterschrift. Das war doch der Immobilienmakler aus der Ethikzelle! Mein Gott, was machten denn diese Menschen hier?

In dem Moment nahm ich mir vor: So etwas würde ich niemals tun! Niemand würde mich auf die Knie zwingen, niemand würde mich so demütigen. Ich habe eine Ehre, und die würde ich mir von niemandem nehmen lassen!

Entschlossen ging ich zurück zu meiner Ethik-Offizierin, zeigte ihr meine wenigen Unterschriften und bat erneut um ein Gespräch. Sie hatte aber an diesem Tag keine Zeit mehr für mich und ließ mir ausrichten, ich solle am nächsten Tag wiederkommen.

Im Grunde war ich erleichtert, endlich das Gebäude verlassen zu können. Ich flüchtete mich regelrecht in das kleine Zimmer meiner Pension in der Nähe. Morgen wird sich alles klären … Mit diesem Gedanken konnte ich einschlafen.

## Krank sein ist unethisch

Am nächsten Morgen ging es mir sehr schlecht. Ich hatte Fieber und konnte nur mit Mühe aufstehen. Was, wenn ich jetzt krank wurde? Ich kannte doch keinen Menschen hier. Angst überfiel mich.

Ich quälte mich zur Scientology-Zentrale hinüber, düster und furchterregend kam sie mir vor. Gleich an der Rezeption bat ich um Hilfe und wurde an eine Person verwiesen, die angeblich Ärztin war. Ihr Zimmer lag im Kellergeschoss. Die Frau verordnete mir eine Menge Vitamine. Keine weiteren Untersuchungen, keine übliche ärztliche Behandlung, keine Medizin – stattdessen die Forderung, ich solle meine Ethik in Ordnung bringen. Wie bitte? Ach ja, stimmt ja, krank sein ist unethisch! Was hatte ich jetzt wieder getan?

Ich schluckte die Vitamine und schleppte mich zur Ethik-Offizierin. Sie zeigte kein Mitleid für meine Situation, sondern herrschte mich an: „Hier hast du Anschriften. Geh damit in das kleine Zimmer und schreib den Leuten, wie gut Scientology ist und dass sie ohne Scientology nicht überleben können!"

Sie drückte mir mehrere Zettel mit Anschriften in die Hand und geleitete mich in die Ethikzelle.

Verstand ich richtig? Kraftlos, krank, ohne Widerrede begann ich Briefe zu schreiben und für Scientology zu werben. Ich weiß nicht mehr, wie viele Stunden ich dort verbrachte, bis ich alle Adressen abgearbeitet hatte. Irgendwann ging es mir so schlecht, dass ich überhaupt keinen klaren Gedanken mehr fassen konnte. Mechanisch schritt ich zur Ethik-Offizierin, gab ihr meine Arbeit ab.

„Okay!", war ihre eintönige Antwort. „Aber das genügt

nicht! Du musst noch etwas tun!" Ihr Tonfall verschärfte sich.

Was sollte ich tun?

„Es muss etwas Großes sein!"

Ich wusste nichts, mir fiel nichts ein, ich war unfähig zum Denken. Sie hatte dagegen schnell eine Lösung parat: „Wir verschicken zurzeit das Scientology Buch „Dianetik" nach Russland. Ein Waggon Bücher kostet 10.000 Mark. Gib dazu deine Unterschrift!", forderte sie mich knallhart auf.

Ich zögerte, aber ich hatte nicht die geringste Chance, meine Unterschrift zu verweigern. Ich konnte dem Druck nicht mehr standhalten. Ich war unfähig, wie gelähmt. Schon stand ein Verkäufer bereit. Den Abbuchungsauftrag hatte er bereits vorbereitet, ich musste nur noch meine Unterschrift darunter setzen. Mechanisch gehorchte ich.

Die Offizierin gab mir die Erlaubnis zu gehen. Was war geschehen? Sollte jetzt etwa alles in Ordnung sein? In der Firma alles wieder gut laufen?

Hastig verließ ich das düstere Gebäude, vorbei an vielen Menschen, die ich nur noch als Schatten wahrnahm. Ich brauchte frische Luft zum Durchatmen. Das Fieber schüttelte mich regelrecht und ich schleppte mich mit letzter Kraft in meine Unterkunft, legte mich ins Bett und schlief viele Stunden. Schweißgebadet wachte ich am nächsten Morgen auf, das Fieber war gewichen, ich konnte nach Stuttgart zurückfliegen. Zu Hause angekommen, legte ich mich sofort wieder hin und fiel wie ohnmächtig in einen tiefen Schlaf.

## Die Fahrt nach Lausanne

Erschöpft und angespannt kam ich am nächsten Morgen in die Firma. Wider Erwarten begrüßte mich mein Chef freundlich und fragte mich, ob ich ihn am Nachmittag nach Lausanne zum Kongress der „Internationalen Vereinigung der Scientologen" (IAS) begleiten würde. Er zeigte mir die Einladung: Ein großer Festabend mit Galadiner war angekündigt.

Ich war über seine Einladung erstaunt. Hatte mein Besuch in St. Hill Wirkung gezeigt? Würde sich jetzt etwas ändern? War jetzt ein geordnetes Arbeiten möglich? Würden die Schwarzgeldzahlungen aufhören? Voller Hoffnung und mit dem Gedanken, in Lausanne einen schönen Abend erleben zu können, sagte ich ihm zu.

Scientology hatte für diese Großveranstaltung eigens eine Festhalle angemietet. Scientologen der höchsten Chargen in ihren tiefblauen Uniformen prägten an diesem Tag das Stadtbild. Alles schien bestens durchorganisiert, der Ablauf bis ins Einzelne geregelt.

Ich fühlte mich jedoch in dieser Atmosphäre, die allein durch die vielen Uniformen stark militärisch geprägt war, gar nicht wohl. Ich kam mir beobachtet vor und spürte, dass auch viele andere Teilnehmer so empfanden. Aber niemand durfte es sich anmerken lassen.

Die ranghöchste Scientology-Prominenz war aufgefahren; Scientologen aus aller Welt präsentierten sich vor Ort. Das Essen war exzellent, jedoch blieb wenig Zeit, es zu genießen. Denn schon bald wurden wir aufgefordert, in die große Halle zu kommen.

Ein übergroßes Poster von Ron L. Hubbard, dem Gründer

der Scientologybewegung, nahm den größten Teil der Bühne in der riesigen Halle ein!

Was war der Zweck dieser gigantischen Veranstaltung? Man war nicht zusammengekommen, um zu feiern, und schon gar nicht, um sich nur auf zwanglose Weise zu begegnen. Scientology wollte sich hier in Lausanne selbst darstellen. Die Mitglieder sollten neu auf ihre Lehre ausgerichtet werden und sich auf das gemeinsame Ziel einschwören lassen: die Durchdringung und Eroberung der ganzen Welt!

Ein einziger Lobpreis auf Scientology war es denn auch, was die Uniformierten auf der Bühne in ihren Reden und sonstigen Beiträgen von sich gaben! Es war die allumfassende, allein gültige Botschaft: Nur Scientology bringt Frieden und Gerechtigkeit in diese Welt! „Wir werden den Planeten retten! Wir haben neue Pläne, um den Planeten einzunehmen! Wir werden alle Unterdrücker auf diesem Planeten mundtot machen!", so lauteten Sätze, die mir haften blieben.

Dann kam der Höhepunkt, auf den alles zustrebte: der Auftritt des Scientology-Chefs, David Miscavige! Ein kleiner Mann, geschickt in Szene gesetzt. Sein militärisches Aussehen, das entschlossene Auftreten und sein Tonfall ließen jeden im Raum vor Ehrfurcht still und starr werden. In einfachen Sätzen schleuderte er seine Parolen hinaus: „Wollen wir die Welt retten, dann müssen wir die Welt säubern! Wir führen Krieg!"

Alle sprangen von den Sitzen auf: „Yeah, yeah ...“

Dann – für mich kaum fassbar – salutierten David Miscavige und die anderen Uniformierten auf der Bühne vor dem Bild von L. Ron Hubbard. Sie streckten die Arme hoch, und auch das Publikum riss plötzlich Arme und Hände hoch. Alle brüllten fanatisch: „Hipp, hipp, Ron! Hipp, hipp, Ron! Hipp,

hipp, Ron!" Die begeisterten Huldigungen wollten gar nicht mehr enden, es war die reinste Massensuggestion.

Das überstieg meine letzten Kräfte. „Also, das geht mir einfach zu weit!", dachte ich bei mir. „Ich kann da nicht mitmachen!" Das laute Brüllen und die Musik wurden mir zu einer unerträglichen Last. Das ist doch verrückt, was die da tun! Wieso tun sie das? So viele Menschen und alle machen mit! Ich weigerte mich, den Arm zu heben und in die lauten Begeisterungsrufe einzufallen. Schon blickten mich die ersten Sitznachbarn brüskiert an! Ich war als Einzige sitzen geblieben, hatte ihre Begeisterung nicht geteilt! Was würden sie über mich denken? Bekam ich jetzt Schwierigkeiten?

Dann ging es erst richtig los. Eine große Spendenaktion zur Rettung der Welt wurde angekündigt. Mit fordernder Stimme verkündete der Sprecher, es sei notwendig, dass wirklich jeder Anwesende sich beteilige: „Es ist ein Privileg, sich Scientologe nennen zu dürfen, etwas, was man sich verdienen muss. Nur wir können eine neue Welt schaffen. Wir sind die Einzigen, die überhaupt helfen können!" Solche Parolen schmetterten von der Bühne auf uns herab.

Sofort erschienen unzählige uniformierte Registrare. Mit einem Druck, dem so gut wie keiner standhalten konnte, forderten sie jeden Anwesenden zur Spende für die Kriegskasse der Internationalen Scientology Organisation auf. „Die Welt zu retten kostet eben etwas!"

Der psychische Druck war immens! Einige wollten rasch die Halle verlassen, aber die Geldpresser verstellten ihnen den Weg. Kaum einer hatte die Chance, aus der Halle zu gelangen, ohne kräftig Geld gegeben zu haben!

Ich hatte mir fest vorgenommen, nichts zu spenden: Immerhin hatte ich schon 100.000 Mark für die Ausbildung zum

Clear gezahlt. Doch auch ich hatte keine Chance, ungeschoren davonzukommen. Schon vor einiger Zeit hatte ich mich breitschlagen lassen, Mitglied auf Lebenszeit bei der internationalen Scientology zu werden. Jetzt hielten mir die Registrare vor, dass auch meine Kleine diese Mitgliedschaft unbedingt besitzen müsse. Das Argumentieren und penetrante Fordern wurde mir lästig und war je länger, je mehr, einfach nur widerlich. So stimmte ich zu und bejahte die lebenslange Mitgliedschaft für meine kleine sechsjährige Tochter. Das kostete 2.000 Dollar, für die ich sofort einen Abbuchungsauftrag unterschreiben musste.

Die ungeheure Anspannung trieb mich jetzt regelrecht aus der Halle. Endlich konnte ich wieder frei durchatmen. Meine Erwartung, mich in Lausanne etwas zu erholen, waren nicht erfüllt worden – ganz im Gegenteil.

Schon am nächsten Morgen, nach nur wenigen Stunden Schlaf, fuhren wir zurück. Die Arbeit wartete.

# Der Druck nimmt zu

Am Mittag trafen wir in der Firma ein. Sicherlich würde jetzt alles gut werden. Ich hatte doch alle erforderlichen Schritte geleistet, die von mir verlangt worden waren. Aber es sollte wieder anders kommen.

Ich hatte keine Zeit mehr, über das Erlebte nachzudenken. Ich war gefordert, die Probleme im Unternehmen türmten sich mehr und mehr. Da betraten zwei Uniformierte den Raum. Es waren Geldpresser, einen von ihnen hatte ich in England bereits kennengelernt. O nein, nicht schon wieder, durchfuhr es mich. Was wollten sie hier? Ja – sie mussten geschickt worden sein, weil ich mich in England geweigert hatte, weitere Gelder zu zahlen. Und weil auch sie ständig steigende Statistiken aufweisen mussten. Das war mir mittlerweile zur Genüge klar geworden.

Die beiden forderten – wie in England – für meine weitere scientologische Ausbildung 17.000 Mark von mir. Ich wehrte mich: „Nein, das ist völlig ausgeschlossen. Ich habe kein Geld mehr, und außerdem habe ich bereits mehr als 100.000 Mark für Scientology ausgegeben!"

Sie blieben jedoch an meinem Schreibtisch stehen, Stunden um Stunden. Bis zum späten Abend redeten sie ständig auf mich ein, ohne Erfolg. Aber am nächsten Morgen waren sie wieder da. Wie sollte ich unter dieser Belastung meine Arbeit erledigen? Sie redeten und hämmerten mir ein, dass ich diese weitere Ausbildung zum Überleben dringend nötig hätte, um die Situation in der Firma in den Griff zu bekommen. Immer wieder, immer wieder!

Die Atmosphäre wurde immer angespannter. Der Druck erreichte seinen Höhepunkt, als die beiden mir ein ausgefülltes Zahlungsformular zur Unterschrift hinlegten. Warum hörte das denn niemals auf? Ich verlor beinahe die Fassung. Den ungebetenen Besuchern war jedoch alles egal, sie ließen nicht locker. Sie kannten offenbar die Höhe meines Gehalts und wussten, wie viel Geld ich zur Verfügung hatte. Sie wussten auch, dass ich einen Weg suchte, um Ethik, die Ethik, mit der ich erzogen worden war, in die Firma hineinzubringen – und dass ich deswegen Schwierigkeiten mit dem Unternehmer gehabt hatte. Wie sie nur an alle diese Informationen gekommen waren?

Ich hatte kein Geld mehr und wollte die beiden nur noch loswerden. Daraufhin gingen diese geradewegs in das Zimmer meines Chefs und berichteten ihm, dass ich mich hartnäckig weigerte, mich weiterer scientologischer Ausbildung zu unterziehen. Es war ihre Art, mit dem Problem umzugehen und ihren Auftrag zu erfüllen. Der Unternehmer wollte mich jedoch „auf Linie" haben. Er brauchte keine kritische, sondern eine willige Mitarbeiterin. Ohne viel zu überlegen, ohne mich zu fragen, stellte er einen Darlehensvertrag über 17.000 Mark aus, in dem er mich zu dem Einverständnis verpflichtete, dass dieser Betrag von meinen Gehaltszahlungen abzugelten sei. Mürbe von der tagelangen Bearbeitung und dem Druck des Chefs unterschrieb ich den Vertrag. Von dem Geld habe ich nie etwas gesehen.

## Der hilfsbereite Kollege

Alle Wissensberichte, alle Einwände, alle weiteren angeordneten Besuche in St. Hill an den Wochenenden, alle Wiedergutmachungsschritte waren bisher vergebens gewesen. Im Gegenteil, die illegalen Geschäftspraktiken nahmen zu. Mittlerweile arbeiteten in dem Unternehmen zusätzlich Polen, die keine Arbeitserlaubnis hatten, für 5 Mark in der Stunde. Sie waren in Baracken auf dem Firmengelände untergebracht, wo sie in ihrer wenigen Freizeit unter menschenunwürdigen Bedingungen hausten.

Ein Kollege, ich nenne ihn Martin, stand dem Handeln des Unternehmers ebenfalls kritisch gegenüber, obwohl er ein hochrangiger Scientologe war. Er schrieb seine Wissensberichte direkt nach England, zumal er die englische Sprache perfekt beherrschte. Er war mutig und redegewandt.

„Der Unternehmensberater und der Chef stecken doch unter einer Decke", meinte er, „das hat mit Scientology nichts mehr zu tun." Genau wie ich war er davon überzeugt, dass die Organisation ein derartiges Vorgehen verurteilen müsste.

Ich erzählte ihm, was ich in St. Hill erlebt hatte, was ich bisher alles unternommen und über mich hatte ergehen lassen – und wie sehr ich mich angegriffen fühlte.

„Das kann nicht sein", meinte er, „die haben das Ganze falsch verstanden. Ich begleite dich nach St. Hill, und du wirst sehen, es wird sich alles klären!" Ich ließ mich von ihm überreden, noch einmal nach England zu reisen, denn immer noch glaubte ich an das Gute bei Scientology.

An einem Wochenende kamen wir beide zusammen im Scientology-Gebäude St. Hill an.

## Mundverbot per Dekret

Martin ging zielgerichtet zur Ethik-Offizierin und beschwerte sich mit deutlichen Worten über das kriminelle Handeln unseres Firmenchefs und seines Beraters. Hier in St. Hill sollte man unser Problem endlich richtig aufnehmen und dann auch wirklich etwas dagegen tun.

Er konnte nicht ausreden. Sofort stürzte ein Uniformierter mit einem Stück Papier auf ihn zu, auf dem in großen Lettern stand: „ENTURBULATION-ORDER". Sofort schweigen! Mein Begleiter verstummte sofort, schockiert lief er aus dem Raum. Zitternd stand ich alleine da.

Was sollte das? Ich verstand nichts mehr. In diesem Moment ging mir auf, dass Kritik an Scientology und dazu auch noch laut geäußerte strengstens verboten war!

Ich spürte: Hier ist kein Platz für sachliches, offenes Reden! Kein Raum für Ehrlichkeit, Wahrheit, Gerechtigkeit! Mein Chef als zahlungskräftiges Mitglied genießt Sonderrechte, sein illegales Verhalten wird einfach gebilligt, ja gedeckt!

Ich konnte nicht mehr atmen, hastete nach draußen an die frische Luft, suchte einen Platz, um Abstand zu gewinnen. Dort traf ich Martin, innerlich zerbrochen, mit seiner Kraft am Ende. Hilfesuchend schaute er mich an.

„Was ist los mit dir?", fragte ich leise.

„Jeannette, ich wollte dir ja helfen, aber ich muss ab sofort schweigen, darf nichts mehr über die Missstände in dem Unternehmen sagen." Ein Weinkrampf schüttelte ihn, er hielt sich an mir fest. „Mein Überleben ist gefährdet, ich komme auf der Brücke nicht mehr weiter, ich muss ab jetzt schweigen, ich will doch auf der Brücke weiterkommen. Ron, Ron", schrie er mit erhobenen Händen und schaute zum Himmel, als wäre L. Ron Hubbard sein Gott, „ich wollte doch nichts Unrechtes tun!"

Fassungslos starrte ich ihn an.

## Sträflinge in schmutzig grauen Uniformen

Ich versuchte, ihn zu beruhigen. Es gelang mir kaum, denn ich war selbst aufs Äußerste beunruhigt. Meine Ahnung, hier kein Gehör zu finden, war mir nun zur bedrückenden Gewissheit geworden.

Urplötzliches Mitgefühl ergriff mich, ich nahm ihn bei der Hand und lief mit ihm um das herrschaftliche Gebäude, das einen düsteren Anblick bot. Ich versuchte ihn abzulenken und zeigte auf die Männer, die in sumpfigen Gräben hinter dem Gebäude arbeiteten.

„Schau mal!"

„Das darfst du nicht!"

„Was darf ich nicht?"

„Sie beachten! Das sind Strafarbeiter!"

„Was? Strafarbeiter?"

„Schau dir ihre Uniformen an und die Bänder um den Arm!"

Schmutzig grau waren die Uniformen, mausgrau die Bänder. Sie hoben sich nur wenig ab – und doch waren sie kennzeichnend für den Strafzustand des Trägers.

„Das sind Mitarbeiter von Scientology, sie sind unethisch, im Zustand des Nichtseins! Du darfst sie nicht ansehen, darfst nicht mit ihnen reden und keine Gedanken an sie verschwenden. Sie existieren nicht. Sie sind ein Nichts und müssen sich aus diesem Zustand herausarbeiten. Das heißt: tagsüber pausenlos harte körperliche Arbeit verrichten und nachts Scientology studieren, studieren, studieren!"

Was er von diesen Menschen sagte und wie er über sie sprach, schockierte mich. Wie traumatisiert ging ich mit ihm weiter. Jetzt redete er nicht mehr mit mir. Die Enturbulation-Order hatte ihre Wirkung getan, als wäre eine Mauer zwischen ihm und mir aus dem Nichts entstanden.

Wen darf ich noch anschauen? Mit wem darf ich noch reden? Was darf ich noch tun? Was ist hier eigentlich los?

„Ich verlasse St. Hill schnell wieder. Ich habe ein ungutes Gefühl!"

Doch mein Begleiter schüttelte nur den Kopf, ließ mich stehen und ging wieder auf den Eingang des Gebäudes zu. Ich wusste, dass unsere Wege sich jetzt trennen würden. Martin ging zur Ethik, er wollte Abbitte tun. Auf der Brücke zur völligen Freiheit wollte er auf jeden Fall weiterkommen. Das war ihm wichtig. Dafür nahm er auch in Kauf, schweigen zu müssen, nichts mehr zu kritisieren.

Ich hatte so große Hoffnung auf ihn gesetzt – und nun war alles verloren. Er hatte sich den Mund verbieten lassen, nur um bei Scientology weiterzukommen. Aber diesen Weg würde ich nicht mitgehen, das schwor ich mir. Ich wollte mich nicht unterkriegen lassen, mich von niemandem davon abbringen lassen, die Wahrheit zu sagen … Mit diesen Gedanken betrat auch ich wieder das Haus und schritt in Richtung Ethikabteilung.

Aber ich wurde gar nicht mehr angehört. Die Offizierin ließ mir durch einen Uniformierten mitteilen, sie hätte keine Zeit für mich, ich solle abreisen und weitere Maßnahmen abwarten.

So flog ich allein nach Stuttgart zurück. Wie es meinem

wohlwollenden Begleiter weiter ergangen ist, habe ich nie erfahren.

Wie sollte es nun weitergehen? Was konnte ich noch tun? Mein erster Gedanke: Scientology – die höchste Instanz in Los Angeles. Sie wird mir sicherlich helfen. Dorthin wollte ich mich wenden. Ich lebte in der festen Überzeugung: Scientology allein hat recht und wird mir Recht verschaffen. Deshalb kam es mir auch nicht in den Sinn, die Polizei oder irgendeine Person außerhalb der Organisation einzuschalten.

## Chaos in der Firma

Es folgte wieder einer der vielen stressigen Arbeitstage in der Firma. Probleme türmten sich auf, die eigentlich hausgemacht waren. Zum einen war die Software für Finanzbuchhaltung und Personal von Scientologen gestrickt – speziell für das Unternehmen. Bereits mehrere Male war sie abgestürzt und die gesamten Daten waren verloren gegangen. Die Buchhalter mussten immer wieder alles neu aufarbeiten. Zur Strafe wurden sie dann wegen fallender Statistiken vom Unternehmensberater in die „Ethik" beordert. Manche mussten ihr Büro räumen, um im Keller Hilfsarbeiten zu machen, wieder andere wurden auf Kurse geschickt. Nur wenn der Berater mit ihren Wiedergutmachungsschritten einverstanden war, durften sie weiterarbeiten.

Hinzu kamen ständig wechselnde Mitarbeiter. Sie hielten den Stress in den Abteilungen meist nur wenige Wochen aus. Das Chaos war perfekt, nicht nur in der kaufmännischen Abteilung.

Später beauftragte der Unternehmer ein Steuerberatungsbüro, das ihm attestierte, dieser desolate Zustand in der Buchhaltung hänge mit *meiner* Tätigkeit dort zusammen. Mit dieser „Munition" versuchte er gegen mich zu arbeiten.

### Nur schwarz-gelbe Flecken

Es war an einem sonnigen Oktobertag. Mit meinem Firmenwagen fuhr ich nach Kirchheim/Teck. Bei der Fahrt fühlte ich mich total erschöpft, was auch kein Wunder war, denn nachts schlief ich höchstens noch vier Stunden. Mittlerweile verbrachte ich fast sechzehn Stunden täglich in der Firma.

Auf einem geraden Straßenabschnitt wollte mir das Lenkrad plötzlich nicht mehr gehorchen. Der Mercedes kam von der Fahrbahn ab, fuhr in den Graben, flog noch ein Stück durch die Luft, wobei er sich mehrmals überschlug. In Sekundenschnelle spulte sich mein Leben vor mir ab. Es krachte an allen Ecken und Enden. Plötzlich ein Scheibenbersten und dann – unheimliche Ruhe.

Ich fühlte meinen Körper, also lebte ich! Was war geschehen? Was war mit mir los? Konnte ich mich bewegen? Wo war ich überhaupt? Ich versuchte, mir einen Überblick zu verschaffen. Das Auto war auf dem Dach liegen geblieben. Die Scheiben waren zerborsten. Im nächsten Moment fühlte ich panische Angst in mir aufsteigen: Bestimmt explodiert der Wagen gleich … ich muss hier raus! Es gelang mir, mich durch die Fensteröffnung ins Freie zu zwängen. Nachdem ich mich ein gutes Stück vom Auto weggeschleppt hatte, blieb ich erschöpft auf dem matschigen Boden liegen.

Ich sah nur noch kaputtes Blech vor mir. Der Wagen kann gleich explodieren, durchfuhr es mich. Nur weg, möglichst weit weg von hier! Aber ich hatte keine Kraft, um fortzulaufen. Nur ganz allmählich konnte ich mich aufrichten.

In der Ferne bemerkte ich einen Traktor, der seine Runde auf dem Feld drehte. Der Fahrer schien den Unfall aber gesehen zu haben und schon wenig später war er neben mir. Er wollte wissen, wie es mir gehe, ob ich verletzt sei. Er holte eine Matte aus seinem Fahrzeug, schob sie unter mich und kümmerte sich um Hilfe.

Irgendwann hörte ich die Sirene eines Polizeiwagens. Ich sagte immer nur: „Ich habe nichts, mir fehlt nichts", aber die Beamten riefen einen Krankenwagen und begleiteten mich sogar ins Krankenhaus.

Der Arzt, der mich röntgte, meinte schließlich, ich hätte aber großes Glück gehabt ... bei einem so schweren Unfall! Da seien nur Prellungen festzustellen. Er verschrieb mir eine Salbe. „Reiben Sie sich gut ein, sonst bekommen Sie am ganzen Körper blaue Flecken!"

Ich war erleichtert, als ich das hörte. Aber so richtig konnte ich immer noch nicht begreifen, was da geschehen war. Warum hatte ich das Lenkrad nicht mehr steuern können? War ich eingeschlafen? Hatte da jemand mein Auto sabotiert? Steckte der Chef dahinter? Viele Fragen, keine Antworten ... und auch später gab es keine Aufklärung der Unfallursache.

Die netten Polizisten blieben bei mir, sie wollten mich sogar nach Hause fahren. Wo war eigentlich mein Zuhause? Sie brachten mich in meine Wohnung, die ich zumindest nachts ab und zu sah. Ich wollte stark sein, bot ihnen einen Kaffee an, den sie auch gern annahmen. Ich war sehr dankbar für ihre Hilfe – und bin es bis heute!

Die Salbe legte ich allerdings beiseite. Ich war doch stark, so etwas brauchte ich nicht. Keinen Gedanken verschwendete ich an meine Gesundheit. Krank waren nur die Unethischen, dazu gehörte ich nicht! Aber der Unfall? Was war da geschehen? Die Gedanken wollten mich einfach nicht loslassen. Was hatte ich verbrochen? Alles was dir geschieht, hast du selbst verursacht und verschuldet, sagte mir mein scientologisches Denken. Also würde ich wohl zur Ethik müssen.

Am nächsten Morgen war mein Körper übersät mit schwarz-gelb-blauen Flecken. Die Schmerzen unterdrückte ich, so gut es ging. Ich versorgte meine Tochter, schickte sie zur Schule und schleppte mich in ein Taxi. Die Arbeit durfte ich nicht versäumen, ich musste ja etwas leisten.

Als ich meinem Chef von dem Unfall erzählte, schickte er sofort einen Mitarbeiter zur Werkstatt und ließ den Wagen begutachten. Es kamen keine Vorwürfe, nur die lapidare Feststellung: „Das ist eine Ethikangelegenheit!"

Wenig später lag ein Foto des Gutachters auf meinem Schreibtisch. Der Unfallwagen – ein einziges Schrottknäuel. Und ich hatte nur schwarz-gelbe Flecken … ein Wunder!

## Strafauditing

Die chaotischen Zustände in der Firma hörten nicht auf. Ich war kaum noch in der Lage, etwas sinnvoll zu organisieren. Wenn ich einen Teil der Verwaltung in Ordnung gebracht hatte, wurde kurze Zeit später durch Anweisungen des Beraters wieder etwas geändert. Er kam mit immer neuen scientologischen Vorschriften, die wir anzuwenden hatten. So konnte man nicht arbeiten … es war einfach unmöglich!

Noch immer schufteten Polen für einen Hungerlohn in der

Produktion – und selbstverständlich wurden nach wie vor Schwarzgelder gezahlt. Mittlerweile verzeichnete auch meine Statistik einen Abwärtstrend.

Als der Berater meine fallenden Statistiken beanstandete, beschwerte ich mich wieder einmal über die unhaltbaren Zustände in der Firma. Aber er ging überhaupt nicht darauf ein, sondern meinte bloß: „Du hast einen Unfall gehabt, also bist du unethisch. Du musst zum Auditing nach Frankfurt!"

„Ich beschwere mich über die kriminellen Zustände im Unternehmen und werde selbst als unethisch bezeichnet? Was soll das?"

„Die Statistiken sagen alles, wir brauchen gar nicht zu diskutieren. Lies einfach im Ethikbuch das Kapitel über fallende Statistiken."

Im Buch stand, dass in diesem Fall ein Strafauditing fällig sei. Ich hatte keine Worte mehr. Es hatte ja wohl keinen Sinn zu diskutieren, aber ich nahm mir vor: Ja, ich werde dieses Auditing machen. Und ich werde ihnen allen zeigen, dass es nichts mit mir zu tun hat, ich werde ihnen allen zeigen, *wer* in Wirklichkeit unethisch ist.

Schon am nächsten Tag war es soweit: Ich machte mich auf den Weg nach Frankfurt. Es war ein trüber, nasser und schneekalter Novembermorgen im Jahr 1990. Meine Gedanken liefen wie im Kreis, mechanisch, immer wiederkehrend: Du musst nur gut ankommen! Bring alles hinter dich! Lass dich nicht unterkriegen!

Wie es wohl jetzt gerade meinem Kind, meiner sechsjährigen Tochter, ging? Auch an diesem Tag würde sie mich nicht zu sehen bekommen, müsste sie von Fremden versorgt werden… Ich musste das schlechte Gewissen beiseiteschieben – so etwas konnte ich gerade heute nicht gebrauchen. Nach den Strapazen der letzten Zeit war ich zu erschöpft für große gedankliche Anstrengungen.

Vor einem mehrstöckigen Gebäude in der Darmstädter Landstraße fand ich einen Parkplatz und stieg aus. Mit einem mulmigen Gefühl betrat ich die große Empfangshalle. Es war wie immer: gefällige Einrichtung, lockere Atmosphäre, freundliche Worte für die Besucher, werbend, zuvorkommend. Und doch war heute alles anders. Keiner beachtete mich, ich war wie Luft für sie. Der Berater hatte mich angekündigt als Kritik übende, am Scientology-System zweifelnde, unethische Person.

„Zur Ethik? Die Treppe hoch!"

Ich suchte meinen Weg in das obere Stockwerk, zum internen Bereich der Scientology-Organisation. Dort wurde ich bereits erwartet. Die Auditorin nahm an der Türseite Platz. Kein persönliches Begrüßungswort!

„Wir können beginnen!"

Strafauditing – deshalb war ich hier. Menschen, die noch Kritik in sich trugen, die an der Richtigkeit des Systems zweifelten, wie ich es tat – sie mussten hierher kommen, wurden an den Lügendetektor angeschlossen und ausgefragt. Hundert Fragen wurden gestellt, und jede einzelne in einer metallisch-monotonen Stimme so lange wiederholt, bis man ja sagte, Schuld einräumte. Fragen aus dem beruflichen Alltag, dem sozialen Umfeld, dem Intimbereich – nichts wurde ausgelassen, alles durchleuchtet in gleißendem, lieblosem Licht:

Hast du je die Unterschrift eines anderen gefälscht? Hast du jemanden erpresst? Bist du je im Gefängnis gewesen? Hast du etwas mit Pornografie zu tun gehabt? Warst du drogensüchtig? Bist du vorbestraft oder hast du Abtreibungen gemacht?

Ehebruch? Homosexualität? Geschlechtsverkehr mit Tieren? Sexuelle Perversion? Hast du je mit einem Mitglied einer andersfarbigen Rasse geschlafen ...

Jede einzelne Frage wurde immer wieder gestellt, immer wieder ... Dieser seelenlose, schneidende Sprechton! Ausgeliefert, missachtet fühlte ich mich, meiner Würde beraubt. Immer wieder die gleichen Fragen, die Pausen, das erpresserische Warten auf meine Antwort, auf mein Bekenntnis: „Ja, ich bin schuldig, ich habe unethisch gehandelt."

Akribisch wurde jede Einzelheit festgehalten. Alles sollte ich von mir preisgeben – und alles wurde später weitergeleitet an den Fallüberwacher – gesichtet, geordnet, um gegebenenfalls etwas gegen mich in der Hand zu haben, um meinen Ruf zu zerstören.

Es würde kein Mitleid geben, das wusste ich, keine Pause im ganzen Verhör. Die innere Reinigung von den schwarzen Flecken meines Lebens (den „overts") hatte absoluten Vorrang. Jede Verfehlung musste ans Licht, alles musste ausgekehrt werden, um Platz zu schaffen für die neue „Ethik", die meine Persönlichkeit immer mehr bestimmen sollte. Die Bedürfnisse meines Körpers ignorierte ich schon seit längerer Zeit. Meine Erschöpfung und das chronische Schlafdefizit pflegte ich mit vielen Tassen Kaffee zu „beseitigen".

Nach 24 Stunden Strafverhör – die Scientology nennt es „geistliche Beratung" – war mein Inneres leergefegt. Mir war nicht bewusst gewesen, dass ich einen ganzen Tag ohne Pause in diesem Raum verbracht hatte. Wie mechanisch stieg ich irgendwann in mein Auto. Ich weiß nicht, wie es mir trotz völliger Übermüdung gelang, meine Wohnung zu erreichen, kurz mein Kind zu versorgen, um wenige Stunden später wieder an meinem Arbeitsplatz zu erscheinen.

Natürlich hatte das alles auch seinen Preis: Die Kosten für die „Wiederherstellung meiner Ethik" wurden mir schlussendlich mit 14.400 DM quittiert.

# Schwarzer Dezembertag

Zurück im Büro, versuchte ich mich wieder auf meine Aufgabe zu konzentrieren. Es wollte mir kaum gelingen. Dauernd kreisten meine Gedanken um all die Ungerechtigkeit, die ich erfahren hatte.

Der Jahresabschluss stand bevor. Noch immer befand sich die Buchhaltung in einem desolaten Zustand. Auch die neuen scientolologischen Buchhalter waren von den vielen „Entheta" (so wird ein scientologischer Verwirrungszustand genannt) nur gestresst. Ich hatte den Eindruck, dass sie ebenfalls den Überblick verloren hatten.

## *Bilanzfälschung*

Als der Unternehmer die Umsatzzahlen wissen wollte, legte ich ihm rasch die vorhandenen Listen vor.

„Das reicht wirklich nicht und stimmt auch keineswegs mit meiner Statistik überein! Das muss mehr sein, da fehlt etwas!", entgegnete er scharf.

„Nun, es gibt noch die halb fertigen Produkte. Aber die können nicht in den Umsatz!", wandte ich ein.

„Du hältst dich da mal schön raus! Die kommen mit in den Umsatz. Wer kann denn nachweisen, dass diese Produkte noch nicht fertig sind? Ich sage einfach, sie sind fertig! Die werden als abgerechnet behandelt und kommen in den Umsatz. Klar?"

Ich widersprach. „Aber es geht um 14 Millionen DM! Ich mache das nicht mit!"

„Jetzt reicht's mir aber!", schrie er mich an. „Immer diese Widerreden! Tu einfach, was man von dir verlangt!"

Er riss aus seiner Schublade ein Schriftstück hervor, forderte mich auf, es zu lesen. „S-u-s-p-e-n-d-i-e-r-u-n-g!" stand da. Hätte ich es nicht fühlen müssen, dass es so weit kommen würde? Ich wurde suspendiert, weil ich gegen kriminelle Handlungen anging? Weiter stand auf dem Zettel: „Sofort den nächsten Flug nach England nehmen, Ethik in Ordnung bringen!"

Ich konnte nicht weiterlesen, rannte in mein Büro, rief den Ethikbeauftragten an und berichtete ihm – vollkommen aufgelöst – von dem Verlangen des Chefs und der Suspendierung. Er musste mir helfen! Würde er es tun? Wohl nicht! Ich spürte, wie meine Gedanken schwanden, gleich würde ich wie ein Blatt ins Bodenlose fallen …

Der Berater hörte mich nur kurz an, wollte erst den Chef sprechen, seinen Auftraggeber. Ich stellte die Verbindung zu ihm durch und schon schloss sich die Verbindungstür zwischen unseren Büros. Was sie miteinander besprachen, davon bekam ich nichts mit.

Plötzlich ging die Tür wieder auf, der Unternehmer trat herein und verlangte, dass ich meine Unterschrift unter das Suspendierungsschreiben setzen sollte. Hier und jetzt! Ohne ein Gespräch, ohne Fragen, ohne eine Möglichkeit der Stellungnahme.

Ich weigerte mich.

Er wurde wütend, warf mit Drohungen um sich, versuchte mich einzuschüchtern. Ich zitterte, wollte schreien, wollte flüchten, doch ich war wie gelähmt. Ich schaute aus dem Fenster zu meinem Auto, das ich dort immer geparkt hatte – es war nicht mehr zu sehen. Angst überfiel mich. War ich eine Gefangene hier?

„Wo ist mein Wagen?", fragte ich mit tonloser Stimme.

„Ha!! Das *war* einmal dein Wagen!", kam es hämisch zurück.

## Der Griff zur Gewalt

Er griff nach meiner Jacke an der Garderobe. „Nimm deine Sachen und komm mit!"

Unfähig zu reagieren, rein mechanisch folgte ich ihm. Er warf mir die Jacke über die Schulter, packte mich am Arm, zog mich mit festem Griff aus dem Zimmer über den Flur, die Treppe hinunter zum Ausgang. Niemand begegnete uns. Wohin sollte es gehen? Wo waren die anderen Mitarbeiter? „Hilfe, Hilfe!", schrie es in mir, doch kein Laut kam mir über die Lippen.

Er schob mich in seinen Wagen.

„So, ich fahre dich jetzt zum Flughafen. Keine Widerrede! Du fliegst sofort nach St. Hill!"

Er brauste los. Ich war unfähig, mich zu regen, unfähig, einen Gedanken zu fassen. Wie erstarrt saß ich da.

St. Hill! Ja, St. Hill hatte er gesagt! Nein, nicht schon wieder dorthin! Ich spürte Gedanken des Zorns, der Verzweiflung in mir hochsteigen. Alles, nur nicht wieder dahin! Die verstehen ja doch nichts. Ich weiß es noch vom letzten Mal. Und ich habe kein Geld mehr, um das alles zu bezahlen. Vielleicht geht es auch nur darum?

Die Gedanken, die jetzt in mir aufstiegen, peinigten mich. Ich konnte in der Gegenwart des Chefs nichts mehr verbergen. Während er den Wagen steuerte, schrie ich alles laut heraus. Ich nahm keine Rücksicht mehr, die Verzweiflung hatte sich Bahn gebrochen …

## Ausgesetzt

Plötzlich kam der Wagen mit kreischenden Bremsen zum Stehen. Mein Chef sprang heraus, rannte zur Beifahrertür und riss sie mit einem Ruck auf.

„Raus hier, raus!", schrie er mich an.

Wie mechanisch leistete ich Folge und fand mich augenblicklich am Straßenrand wieder. Er dagegen war schon wieder in den Wagen gesprungen und davongebraust. Ausgesetzt hatte er mich!

Was sollte ich tun? Wo war ich überhaupt? Würde er vielleicht zurückkommen? Ich lief einige Schritte an der Straße entlang, bis ich schließlich in ein bewohntes Gebiet kam. Da sah ich ein Schild: Autovermietung. Ja, genau das war es. Ich brauchte ein Auto.

Ich betrat das Geschäft und mietete einen Wagen. Ich erinnere mich nicht mehr an Einzelheiten, es war wohl das Übliche: Papiere vorweisen, Angaben machen, Unterschriften leisten, anzahlen, Schlüssel erhalten ... Und schon saß ich im Fahrzeug. Gescheitert war ich und ausgesetzt worden. Wie mechanisch steuerte ich den Wagen einer ungewissen Zukunft entgegen. Hätte mir in diesem Augenblick jemand gesagt: Sei froh, dass du hinausgestoßen wurdest! Du warst süchtig und wärest sonst nie von diesem System losgekommen! Ich hätte ihn nur verständnislos angeblickt und für einen Fantasten gehalten. Heute kann ich sagen, dass ich mit dieser Fahrt den ersten Schritt auf dem schweren und mühevollen Weg zurück in die Freiheit begonnen hatte.

## In der Höhle des Löwen

Noch war ich dem scientologischen Denken total verhaftet. Ich wusste genau, was ich als Nächstes zu tun hatte. Jawohl, ich würde nach München fahren! Dort sollte es eine Rechtsstelle der Scientology geben, wo ich alles berichten würde, was im Betrieb geschehen ist. Die würden mich sicher verstehen … sie mussten mir helfen! Kein Gedanke daran, das System Scientology zu verlassen und rechtliche Hilfe bei Polizei oder Anwalt zu suchen!

Nach einer ziemlich anstrengenden Fahrt kam ich in München an. Die Adresse war mir bekannt: Frankfurter Ring, das Gebäude der „Scientology Kirche Deutschland".

Ein Mann öffnete mir die Eingangstür und fragte nach meinem Anliegen. Ich stellte mich vor und sagte: „Ich brauche Hilfe!"

Er bat mich in ein Büro, wo bereits drei weitere Männer Platz genommen hatten.

Wieder begann ich von vorne: Namen, Anliegen … Ich war unheimlich aufgewühlt, trotzdem bemühte ich mich, alles der Reihe nach zu berichten. Zum Glück hatte ich einige Unterlagen bei mir, die das Gesagte belegen konnten. Naiv, wie ich war, gab ich die Dokumente aus der Hand, damit die Männer darin blättern konnten. Ich habe sie nie mehr zurückerhalten. Meine Aussagen wurden auf Band aufgenommen, aber gesprochen wurde nur wenig.

„Wir klären das!" Mit dieser Aussage wurde ich verabschiedet. Mehr am Rande nahm ich auffallend viele Telefone und andere technische Apparate im Zimmer wahr. Erleichtert verließ ich das Gebäude. Heute weiß ich, dass ich Rechtsbeistand beim Geheimdienst der Scientologen gesucht hatte.

## Ausgebrannt

Nach einer mehrstündigen Fahrt erreichte ich gegen ein Uhr nachts meine Wohnung.

Panische Angst packte mich, während ich die Treppen hinaufstieg, aber in der Wohnung war alles in Ordnung. Trotzdem wollte ich keine Nacht mehr hier verbringen. Ich fühlte mich verfolgt! Ich packte die wichtigsten Utensilien in eine Reisetasche, weckte anschließend meine kleine Tochter und trug sie zum Leihwagen. Weg von hier! Nur weg!

Mit quälenden Gedanken fuhr ich durch die Nacht. Am frühen Morgen stand ich im Saarland vor dem Hause meiner Eltern. Ich war also nochmals 300 Kilometer weitergefahren. Erschöpft schleppte ich mich zur Haustür und klingelte meine Eltern aus dem Schlaf. Mutter öffnete mir gleich.

„Jeannette, was ist los, wie siehst du aus?"

„Frag jetzt bitte nicht, Mama! Ich bin mit einem geliehenen Auto hier und habe auch keinen Job mehr! Aber, bitte, ich möchte jetzt einfach nur schlafen."

Sie nahm die halb wache Kleine aus dem Wagen und richtete mir das Gästebett her. Ich legte mich hin und schlief sofort ein.

# Der Geheimdienst agiert

Irgendwann am nächsten Tag wurde ich wach. Die Kleine spielte neben meinem Bett und Mutter arbeitete in der Küche. Sie machte sich Sorgen um mich, das spürte ich. Aber sie sah auch meine innere Anspannung und schwieg lieber. Wie gut das tat! Aber es gelang mir nicht, meine Gedanken zu ordnen, ja nicht einmal das Nachdenken über den nächsten Schritt wollte mir gelingen ... da klingelte das Telefon.

Mutter hob ab und reichte mir den Hörer: „Jeannette, für dich!"

Wer weiß denn, dass ich hier bin? Eine innere Alarmglocke schrillte. War ich tatsächlich verfolgt worden? Ich nahm den Hörer. Die Stimme erkannte ich sofort, es war einer der Männer, die ich am Vortag in München aufgesucht hatte. Er sagte, ich solle gleich wieder kommen. Wie konnte er wissen, dass ich hier war?

„Nein!", rief ich mit letzter Kraft und ganzem Mut. „Ich werde nicht kommen!"

Wieder überfiel mich das Gefühl der Hoffnungslosigkeit, des Ausgeliefertseins: Woher wissen die, dass ich hier bin?

„Wer war das?", erkundigte sich meine Mutter. „Und überhaupt ... wie siehst du aus? Was ist denn eigentlich passiert?"

„Mama, ich kann im Moment nicht darüber reden. Lass mich einfach in den nächsten Tagen noch hier bleiben – bitte!"

Sie ahnte, dass etwas nicht stimmte, fragte jedoch nicht weiter. Ich war dankbar, dass sie keine weiteren Auskünfte wollte, denn wie hätte sie etwas verstehen können, was ich selbst nicht verstand? Ich wollte mich gar nicht damit beschäftigen, darüber nachdenken … ich sehnte mich einfach nach Ruhe, Entspannung, nach ein bisschen Zuwendung und Versorgung, besonders für die Kleine.

Doch am nächsten Tag erreichte mich ein Brief an die Anschrift meiner Eltern. Zitternd öffnete ich, las einen einzigen Satz, der mich aus aller vermeintlichen Geborgenheit herausriss: „SIE SIND FRISTLOS GEKÜNDIGT." Nur ein Satz, keine Erklärung, keine Papiere, nichts!

Haben die Herren in München denn gar nichts unternommen? Sie wollten sich doch um die Angelegenheit kümmern! Woher wusste der Unternehmer überhaupt, wo ich mich gerade aufhielt? Ich war in jenem Augenblick zu kraftlos, um die Tragweite dieser Botschaft zu erfassen. Sie veränderte mein Leben von Grund auf.

## Zur Schwerverbrecherin erklärt

Meine Mutter fragte nach dem Brief und ich erklärte, dass mir gerade fristlos gekündigt worden sei.

„Du musst etwas dagegen tun!", meinte sie spontan, ohne zu wissen, worum es überhaupt ging. Meine Eltern drängten mich, einen Rechtsanwalt einzuschalten.

Ich konsultierte einen Anwalt und erzählte ihm nur, dass ich fristlos entlassen worden sei. Er schrieb den Unternehmer an und sofort begann ein Psychoterror, wie ich ihn mir nie in meinem Leben hätte vorstellen können.

Es kamen Anrufe mitten in der Nacht: Du musst zum Ethikgericht nach Kopenhagen. – Du musst zum Internationalen

Justizchef. – Du hast ein Schwerverbrechen begangen, du bist ab sofort eine Schwerverbrecherin, denn du hast einen Zivilprozess gegen einen Scientologen eingeleitet. Du weißt genau, dass das verboten ist. – Du brauchst nicht mit Anwälten zu arbeiten, da jeder Scientologe den Schutz des Scientology-Rechtssystems genießt! Ein Ethik-Gericht in Kopenhagen sollte ab sofort für meine Sache zuständig sein. Von WISE Europa bekam ich die Order, dort zu erscheinen!

Daraufhin sagte ich den Anwalt sofort ab. Die Angst schnürte mir die Kehle zu. Mein Überleben war gefährdet, nein, das konnte nicht sein.

## Arbeitslosigkeit per Trennungsbefehl

Als Erstes gab ich den Leihwagen zurück, weil ich ihn mir nicht mehr leisten konnte. Kein Job, kein Geld, kein Auto! Aber ich gab noch nicht auf, suchte mir eine Möglichkeit, Geld zu verdienen. Ich fand etwa 100 Kilometer weiter entfernt einen Scientologen, der bei einem großen Chemiekonzern beschäftigt war. Er bot mir eine gut bezahlte Honorartätigkeit in seiner Privatfirma an. Mein Vater lieh mir sein Auto, sodass ich dreimal in der Woche dorthin zum Arbeiten fahren konnte.

Bald merkte ich, dass der gut verdienende Scientologe finanziell am Boden lag. Ich sollte ihm Daten, die er aus der Firma mitbrachte, am Computer aufarbeiten. Er verkaufte sie für viel Geld weiter. So konnte er für sich und seine Familie Scientology finanzieren. Er bezahlte mir meine Arbeit gut und ich konnte mit ihm über meine Suspendierung und fristlose Kündigung in der Stahlbaufirma reden. Dabei erwähnte ich auch die kriminellen Machenschaften und die erniedrigende

Behandlung durch Scientology. Er konnte es nicht fassen und schrieb sogleich einen Wissensbericht an Scientology England. Er forderte, dass mein Fall ordnungsgemäß behandelt wurde. Aber es sollte wiederum ganz anders kommen!

Ich hatte wieder etwas Mut gefasst und nahm mir erneut einen Anwalt. Trotz Aufforderung an den Unternehmer und mehrere Schreiben an Scientology erhielt ich meine Arbeitspapiere nicht ausgehändigt. Der Anwalt nahm das Verfahren auf – und sofort ging der Terror weiter.

Der Scientologe, bei dem ich Arbeit gefunden hatte, musste sich von mir trennen. Er erhielt als Antwort auf seinen Wissensbericht einen Trennungsbefehl der Scientologyorganisation: Ich sei unethisch, hieß es, er dürfe mit mir nicht mehr zusammenarbeiten. Schon wieder hatte ich keinen Job, das war bitter! Und von meinen alten Scientology-Freunden durfte ab sofort auch keiner mehr mit mir reden. Ich war jetzt ganz auf mich allein angewiesen.

Der Unternehmer hatte seine eigene Art, auf die Situation zu reagieren. Er verbreitete mehrseitige Pressemitteilungen über mich. Alte Arbeitgeber wurden angerufen. Sie wurden so lange ausgefragt, bis sie irgendetwas nannten, was angeblich nicht in Ordnung gewesen sei. Potenzielle neue Arbeitgeber wurden sofort angegangen und vor mir gewarnt. Der Geheimdienst funktionierte zuverlässig.

### Psychoterror ohne Ende

Es folgte ein Jahr voller Drohungen und Psychoterror: Dein Überleben ist gefährdet, wenn du nicht umgehend den Rechtsanwalt absagst! Kopien dieser Drohschreiben gingen an alle

Scientologen, die mich kannten, an alle Scientology-Organisationen in Deutschland, in England, in Kopenhagen und in das Hauptzentrum nach Los Angeles.

Nächtliche Anrufe, Horrorstimmen am Telefon: „Du bist ein Schwein! Wir werden dich schon kriegen ... Alle meine Entchen schwimmen auf dem See ... und morgen wird das Wasser voll mit deinem Blut sein! Schändliche Verräterin! – Lieber wäre ich tot als unethisch ..."

Meine Mutter kam aufgelöst zu mir, weil ein Journalist bei ihr angerufen hatte. Er wollte einen Artikel über meine sexuellen Machenschaften schreiben, ob sie davon etwas wüsste.

Am gleichen Tag teilte mir ein aufgeregter Nachbar mit, ein Journalist hätte sich bei ihm gemeldet. Dieser hatte behauptet, er würde über meine nächtlichen Sex-Orgien recherchieren, ob er dazu etwas sagen könnte? Auch andere Nachbarn wurden mit derartigen Anrufen belästigt.

Eines Tages stand ein Mann mit einem Block und einem Fotoapparat unentwegt vor dem Haus meiner Eltern. Er starrte die ganze Zeit geradewegs auf unsere Wohnung, machte sich Notizen und fotografierte: jede Bewegung, jeden vorübergehenden Menschen, jede Autonummer ... Immer wenn ich zum Fenster hinaussah, stand er dort.

Allmählich wurde ich nervös und rief meinen Vater zu Hilfe. Der packte einen Knüppel und rannte im Laufschritt auf den ungebetenen Beobachter zu. Doch bevor die Situation eskalierte, ergriff der Mann die Flucht, rannte um die Ecke und war verschwunden.

Eigentlich wollte ich den Rechtsanwalt wieder absagen, weil ich keine Kraft zum Kämpfen mehr hatte. Ich ließ mich einfach nur noch treiben und habe auch nicht mehr viele Erinnerungen an diese Zeit. Aber der Anwalt meinte, die Sache sei doch sicher, die würde er in jedem Fall für mich gewinnen. Und so war es auch.

Das Gericht verwarf die fristlose Kündigung, verurteilte den Unternehmer zur Nachzahlung und zur Herausgabe meiner Papiere. Dieser hatte mich gerichtlich zum Schweigen verpflichten wollen – auch das verwarf das Gericht. Dennoch sollte ich von dem erstrittenen Geld nicht viel erhalten, denn der Unternehmer hatte in den Prozess eine fingierte Gegenklage eingeschoben. Er lastete mir an, ich hätte die Buchhaltung in einem desolaten Zustand hinterlassen und Rechnungen unterschlagen. Dieser Schachzug hatte den Streitwert derart nach oben getrieben, dass die Kosten der Arbeitsgerichtsklage fast so hoch waren wie die erstrittene Nachzahlung. So hatte es fast ein Jahr gedauert, bis ich meine Arbeitspapiere erhielt.

Ich fühlte mich am Boden zerstört und war finanziell völlig am Ende. Nicht einmal über den gewonnenen Prozess konnte ich mich freuen.

Es war der 6. Januar 1992 – mein 40. Geburtstag. An diesem Tag hat Scientology mich zur „unterdrückerischen Person" erklärt. Das war für mich wie ein Todesurteil. Es gab kein Überleben mehr für mich. Ich fühlte mich wertlos. Ich hatte kein Recht mehr zu leben. Scientology hatte mich ausgestoßen und von der „Brücke" heruntergeworfen. Zwangsvorstellungen, die mich bald zum Wahnsinn trieben, die ich fast nicht aushalten konnte, erzeugten nur noch einen Gedanken: Ich muss mich umbringen. Hinzu kam: Mit dieser Erklärung war der Terror gegen mich nicht nur erlaubt, sondern vorgeschrieben. Damit war ich rechtlos, der Willkür der Scientology preisgegeben. Meine Widerstandskraft war am Ende.

Der Terror sollte nicht nachlassen, auch als ich später begann, in der Öffentlichkeit über Scientology aufzuklären. Zeitweise musste ich unter Polizeischutz gestellt werden. Das Landeskriminalamt forderte mich auf, mein Haus in verstärktem Maße abzusichern. Zerstochene Reifen, lebensgefährliches Auffahren und Abdrängen meines Fahrzeuges auf der Autobahn, fingierte Anrufe, öffentliche Verleumdungen ... sind bis heute Fakten geblieben, mit denen zu leben ich lernen musste.

# Der Ausstieg

Wenige Tage danach. Es klingelte an der Haustür. Die Flöten-lehrerin meiner kleinen Tochter kam und wollte mit ihr üben. Ich bat sie herein, aber sie merkte mir offenbar an, dass es mir nicht gut ging. In jenen Tagen ging der Alltag irgendwie an mir vorbei, ich erledigte alles rein mechanisch.

„Oh, was ist das für ein Buch?", fragte mich die Frau plötz-lich. Sie deutete auf ein kleines Tischchen im Flur. „Darf ich das mal ausleihen?"

„Ja, natürlich!", erwiderte ich gedankenverloren.

Nach der Flötenstunde ging die Lehrerin wieder, ein Buch von Scientology in der Hand. Am nächsten Tag meldete sie sich telefonisch und lud mich ein: „Mein Mann und ich wür-den uns freuen, wenn Sie uns einmal besuchen."

Erst wollte ich nicht, aber dann sagte ich doch zu. Das Ehe-paar wohnte nicht weit weg von mir, nur ein paar Straßen wei-ter. Als wir uns an den Tisch setzten, lag dort auch das Buch, das sie mitgenommen hatte. Ein großes achtstrahliges Kreuz war auf dem roten Cover abgebildet.

Daneben lag ein anderes Buch mit einem einfachen Kreuz, die Bibel. Die hatte ich als Kind zum letzten Mal in Händen gehabt. Im Gespräch mit den beiden erfuhr ich, dass die an-geblichen Bibeltexte, die Scientology in diesem Buch zitiert, nicht mit der Bibel übereinstimmten.

Konnte es sein, dass Scientology sich irrt, vielleicht bewusst lügt? Zum ersten Mal konnte ich kritische Gedanken, die ich so lange immer wieder beiseite geschoben hatte, ohne Angst zulassen.

Die beiden erkundigten sich nach meinen Erfahrungen mit Scientology, aber meine Kehle war wie zugeschnürt. Ich konnte nur ganz oberflächlich aus meinem Leben erzählen. Sie merkten wohl, dass es mir schwerfiel, darüber zu reden, und fragten daraufhin, ob sie für mich beten dürften. „Meinetwegen", sagte ich. Es war mir egal.

Sie beteten, als ob sie mit Gott persönlich reden würden. So etwas hatte ich noch nie gehört. Schließlich fragten sie noch, ob ich gern lesen würde. Das hatte ich zwar schon lange nicht mehr getan, aber beim Abschied packte ich doch gleich fünf Bücher unter den Arm. Irgendwie hatten die beiden mich neugierig gemacht.

## Ein neuer Weg

Noch am gleichen Abend nahm ich mir eines der Bücher vor und begann zu lesen. Ich verschlang alle fünf Bücher in zwei Tagen. Es waren spannende christliche Erzählungen, die mich ansprachen.

Wenige Tage später lieh ich mir bei dem netten Ehepaar weitere Bücher aus. Okkulte Mächte … der Buchtitel sprang mir regelrecht ins Gesicht. Was ist das? Ich begann zu lesen. Unfassbar, ich glaubte, mich selbst in dieser Geschichte zu erkennen. Es ging um einen Mann, der in eine Sekte eingebunden war. Der Autor schrieb von okkulten Mächten, die diesen Mann in den Abgrund treiben wollten, doch Gott befreite ihn davon. Am Ende des Buches forderte der Autor: Wenn Sie sich in dieser Geschichte erkannt haben, dann beten Sie doch jetzt dieses Gebet, es ist ein Bekehrungsgebet.

Ich wusste nicht, was das bedeutete. Aber ich war so tief erschüttert, ich erkannte plötzlich meine Situation. Und so schrie ich regelrecht dieses Gebet: „Herr Jesus Christus, ich brauche dich und will mit dir leben. Ich übergebe dir mein Leben und nehme dich als meinen Herrn und Erlöser an. Verzeih mir, ich habe so viel gesündigt in meinem Leben, ich bin es nicht wert! Aber du kannst mir neues Leben schenken!" Und nun wich ich vom vorgegebenen Text ab und schrie aus tiefster Verzweiflung: „Mach mich frei von Scientology, mach mich frei von diesem Terror! Ich kann so nicht mehr leben! Mein Leben ist nichts mehr wert! Nimm du es, ich möchte einfach nur Frieden!"

Was jetzt geschah, hatte ich nicht erwartet. Ich wusste nicht, dass es so etwas gibt, und hätte vorher auch nie an so etwas geglaubt: Mein Körper reagierte plötzlich wie auf einen Stromschlag. Von den Füßen bis zu den Händen durchflutete es mich und es war mir, als entweiche etwas durch den Kopf nach oben aus mir heraus. Ich begann bitterlich zu weinen, mehrere Stunden lang. Tränen der Erleichterung, die ich lange nicht mehr weinen konnte.

Ich fühlte mich erleichtert, auch körperlich, meine Gedanken wurden ruhig. O Gott, wo habe ich überhaupt dringesteckt? Warum habe ich das alles mitgemacht? Wieso bin ich in dieser Firma geblieben? Warum habe ich mich auf diese menschenverachtenden Verfahren eingelassen? Weshalb bin ich nicht zur Polizei gegangen? Viele Fragen überfielen mich. Da war kein Gedanke mehr an Suizid! Keine Rachegefühle, kein Hass – nichts, nur ein unbekannter Friede erfüllte mich.

Ich erzählte dem Ehepaar von dem Buch „Okkulte Mächte" und davon, dass ich die angebotene Hilfe von Gott angenommen hatte. Sie freuten sich mit mir und beteten für mich. Es war überwältigend. Auf diese einfache Art und Weise hatte ich zu Gott gefunden. Alle Angst war gewichen, ich verspürte nur noch inneren Frieden. Die zerstörerischen Gedanken, die mich bisher beherrscht hatten, waren und blieben ausgelöscht.

Scientology hatte mir alle meine Hoffnungen genommen, mein Leben war nichts mehr wert, ich wollte es schon wegwerfen. Doch Gott hatte einen anderen Plan mit mir. Er liebte mich schon immer, so wie er jeden Menschen liebt, und er öffnete mich für seine grenzenlose Liebe. Als ich diese Liebe zum ersten Mal spürte, wusste ich plötzlich: Das ist es, was ich mein Leben lang gesucht habe. Für diese Erkenntnis hatte ich einen furchtbaren Irrweg gehen müssen. Und von diesem Moment an wusste ich, wie teuflisch und menschenverachtend der gesamte Scientology-Apparat ist.

Ich danke Gott für seine unendliche Liebe, die nichts kostet, die immer da ist, egal wo und wie ich bin. Er ist ein Vater, der seine Hand immer über mich hält, der mich niemals loslässt, der mich nie tiefer fallen lässt, als ich es ertragen kann. Ein Gott, der klare Gedanken schenkt, der Mut und Kraft gibt, Mitmenschen zu lieben und nicht zu hassen. Es ist das genaue Gegenteil von dem, was ich bei Scientology leidvoll erfahren hatte.

Immer mehr und mehr konnte ich nachvollziehen, was mit mir geschehen war. Wenige Tage später saß ich wieder in meinem Sessel und betete zu Gott: „Was soll ich mit all dem, was ich mitgemacht habe, jetzt anfangen? Soll es zu etwas gut sein?"

Plötzlich fühlte es sich an, als hätte mir jemand auf den Rücken geklopft. Ich erschrak, schaute mich um, aber da war niemand.

„Schreib einen Brief an einen Zuständigen!", drängte es mich im Innern.

Sofort holte ich mir einen Bogen Papier und begann, ein wenig davon aufzuschreiben. Am nächsten Tag las ich in der Zeitung, in Stuttgart gäbe es einen staatlichen Sektenbeauftragten. Ich überlegte nicht lange, steckte den kurz gefassten Brief in einen Umschlag und schickte ihn an diese Stelle. Was würde mit ihm geschehen? Ich hegte keine Erwartungen, war aber zuversichtlich, den richtigen Schritt getan zu haben.

Schon zwei Tage später klingelte das Telefon. Der Sektenbeauftragte rief an und wollte wissen, ob ich nicht nach Stuttgart kommen könnte. Ich sagte zu. Der kleine Brief und die Fahrt nach Stuttgart sollten mein Leben grundlegend verändern.

Ich konnte getrost in die Zukunft schauen, denn ich hatte alles in Gottes Hände gelegt. In erschütternden Begegnungen mit Scientology-Betroffenen konnte ich vielen Menschen beim Ausstieg helfen. In mittlerweile 17 Jahren Sekten- und Ausstiegsberatung habe ich erfahren, dass gerade die Menschen, die es weit von sich wiesen, in die Abhängigkeit von Scientology zu geraten, oft selbst in Abhängigkeiten von anderen Psychoanbietern und Sekten lebten und sich erst durch meine Aufklärung dessen bewusst wurden. Bedrohliche Situationen und immense Angriffe, aber auch Bewahrung auf vielfältige Weise und immer wieder Ermutigung durch liebevolle Menschen haben meine Arbeit geprägt.

# Nachwort

Halb Weltraumabenteuer, halb Heil bringende Erleuchtungsstrategie: so begann die Scientology-Organisation Anfang der 1950er Jahre, entsprungen aus der Fantasie des Science-Fiction-Autors L. Ron Hubbard. Doch was steckt hinter dieser futuristisch-religiösen Fassade?

Scientology gibt sich stets einen modernen Anstrich – immer mit der Absicht, Hilfe suchenden Menschen eine angebliche Religion teuer zu verkaufen. In den USA der 50er und 60er Jahre reichte es der Organisation noch aus, als Hightech-Weltraumreligion aufzutreten. Doch seit ihrer Expansion nach Europa zeigt die Scientology-Organisation die Wandlungsfähigkeit eines Chamäleons. Mal firmiert sie im Stil eines Wirtschaftsunternehmens, mal erscheint sie wie eine Menschenrechts- oder Wohltätigkeitsorganisation. In den letzten Jahren kommt die selbst ernannte „Kirche" zunehmend im sozialen Gewand daher und versucht, gutgläubige Menschen im angeblichen Kampf für Menschen und Menschenrechte zu gewinnen. Dafür hat die Scientology-Organisation ein breites Netz aus Tarn- und Unterorganisationen aufgebaut: Die Jugend für Menschenrechte, die „Ehrenamtliche Geistliche", die Kommission für Verstöße der Psychiatrie gegen Menschenrechte (KVPM) oder NARCONON, eine Initiative, die Drogenabhängige angeblich beim Ausstieg unterstützt. So getarnt, geht die selbst ernannte „Kirche" auf Seelenfang. Wer sich von ihr täuschen lässt, muss dafür einen hohen finanziellen und psychischen Preis bezahlen.

Diesen Preis hat auch Jeannette Schweitzer bezahlt. Drei Jahre dauerte es, bis sie sich von der Psychogruppe lösen konnte. Drei Jahre, in denen sie am eigenen Leib erfahren musste, was es heißt, wenn Scientology ihr wahres Gesicht zeigt, wenn der organisationsinterne Geheimdienst (OSA – Office of Special Affairs) eingeschaltet und ein menschenverachtender Druck auf die Mitglieder ausgeübt wird.

Dieser Umgang mit Mitgliedern und besonders Aussteigern sowie Kritikern, den Jeannette Schweitzer eindrücklich schildert, ist ein Grund, warum Scientology bundesweit vom Verfassungsschutz beobachtet wird.

Jeannette Schweitzer hat es zwar geschafft, von Scientology loszukommen, doch bis heute lässt sie das dort Erlebte nicht los. Anstatt eine Opfer-Position einzunehmen, nimmt sie jedoch die Herausforderung an: Jeannette Schweitzer hat einen mutigen und bewundernswerten Weg gefunden, mit ihren destruktiven Erfahrungen in der Scientology-Organisation und den Erlebnissen ihres Ausstiegs umzugehen. Mit ihrem Buch gewährt sie uns einen Einblick in die Welt der Psychosekte und möchte gleichzeitig über deren Machenschaften aufklären. Ich danke Jeannette Schweitzer für ihren mutigen Weg, den sie gegangen ist und gehen wird.

*Antje Blumenthal, MdB*

# Grundbegriffe der Scientology

## 1. Lehre

### L(afayette) Ron(ald) Hubbard (LRH)
lebte 1911 bis (angeblich) 1986. Science-Fiction-Autor und Gründer von Dianetik und Scientology.

### Dianetik (Dianetics)
LRH-Kunstwort, von ihm als „Wissenschaft des Geistes" definiert. Die Dianetik stellt eine eher einfach strukturierte Lehre dar, die die Bereiche der Erkenntnistheorie und der Psychologie abdecken soll.

### Scientology
„Lehre vom Wissen". LRH-Kunstwort. Scientology will die Grundlage jeder Wissenschaft bilden und konkurriert mit Erkenntnis- und Wissenschaftstheorie. Faktisch bearbeitet die Scientology aber alle den Bereichen der Philosophie, Soziologie und Psychologie zugehörigen Fragen. Wohl aus steuerrechtlichen Gründen wird die Scientology von Scientologen selbst als „angewandte religiöse Philosophie" definiert.

### Thetan
Der unsterbliche Teil des Menschen, in Anlehnung an den klassisch-abendländischen Seelenbegriff gefasst und um die Reinkarnations-Vorstellung bereichert. Bei der Verkörperung erweitert sich der Thetan zur Trias Thetan-Mind (Verstand)-Body (Körper).

## Mind
Auch im Deutschen wird von Scientologen der englische Begriff gebraucht. Als annähernde Übersetzung gibt Scientology „Geist, Verstand" an. Der mind wird als eine Art Computer verstanden, der mittels Daten-„Banken" die Erlebnisse und das Wissen des Menschen „speichert". Er besteht bei Nichtscientologen aus zwei Teilen: dem Analytischen Mind und dem Reaktiven Mind.

## Analytischer Mind
Speichert die alltäglichen Erfahrungsdaten und ist dem Bewusstsein zugänglich.

## Reaktiver Mind
Speichert Erfahrungen körperlichen Schmerzes und schmerzhafter Emotionen ab. Diese im Reaktiven Mind abgespeicherten Schmerzerfahrungen heißen Engramme und sind dem Analytischen Mind zugänglich.

## Engramme
Erfahrungen des Schmerzes, welche im Reaktiven Mind gespeichert sind. Durch spätere, analoge Erlebnisse („Locks") können die Engramme „einkeyen" (einklinken) und immer, wenn sie durch der Engrammsituation ähnliche äußere Situationen „restimuliert" werden, negative Emotionen hervorrufen. Die Engramme werden beseitigt durch das Auditing.

## Auditing
Die scientologische Therapie, deren Ziel die Beseitigung der Engramme ist. Der Auditor (der/die das Auditing leitende Scientologe/Scientologin) auditiert, indem er die zu auditie-

rende Person zu den Engrammerlebnissen zurückführt, worauf diese von der zu auditierenden Person immer wieder erzählt werden, bis sie gänzlich emotionslos dargestellt werden können und damit von jeder Emotionalität befreit sind. So ist das Engramm gelöscht und die Erinnerung vom Reaktiven Mind in den Analytischen Mind übergegangen.

## Flunk

Das Verb „flunken" bedeutet: einen Fehler machen; darin versagen, die gelernten Materialien anzuwenden. Gegenteil: bestehen.

## E-Meter

Das E-Meter, ein Hautwiderstandsmesser, dient der Erfolgskontrolle beim Auditing. Da Engramme über eine spezifische Ladung verfügen, die mittels E-Meter gemessen werden kann, ist ihr Vorhandensein oder ihre Löschung mit dem E-Meter nachweisbar. Das E-Meter wird von der Scientology im Rahmen ihres Anspruches, Kirche zu sein, als „religiöses Artefakt" bezeichnet.

## Clear

Clear (geklärt) ist ein Mensch, der alle seine Engramme gelöscht hat. Sein Reaktiver Mind hat damit zu existieren aufgehört, der Clear ist frei von jeglichen negativen Emotionen (die ja alle von Engrammen ausgelöst wurden).

## Operating Thetan (OT)

Operating Thetan ist ein Scientologe/eine Scientologin, der/die über die Stufe Clear noch hinausführenden OT-Kurse besucht. Ziel dieser OT-Kurse ist es, als Mensch „Ursache" zu werden über Raum, Zeit, Energie und Materie resp. diese Dimensionen und Kausalitäten zu kontrollieren. In den OT-Kursen werden einerseits frühere Leben der den Kurs besuchenden Person auditiert, andererseits geht es darum, Clusters (Klumpen) von Thetanen, die nicht als eigener Mensch inkarniert, sondern am Körper der/des OT-Kursbesuchenden angehaftet sind, zu klären. Dabei gilt es, Schrecknisse apokalyptischen Ausmaßes mit entsprechend starker negativer Wirkung auf die verclusterten Thetanen auditierend zu überwinden (z.B. die sog. „Feuerwand"). Höchste im Moment erreichbare („freigegebene") OT-Stufe ist OT VIII, ein Stand, der es der ihn innehabenden Person angeblich ermöglicht, die physische Präsenz seines Körpers willentlich zu verändern (sich beliebig durch den Raum zu versetzen).

## 2. Organisation

### RTC (Religious Technology Center)
Das RTC steht seit 1982 an der Spitze der Scientology-Organisationen. Geleitet wird das RTC von David Miscavige (*1959). Das RTC ist Inhaber der Rechte auf die wesentlichen Begriffe und Zeichen der Scientology und bezieht für deren Anwendung von allen lokalen Organisationen Lizenzgebühren. Es überwacht außerdem die korrekte Anwendung und Reinerhaltung der „Technologie".

### Sea Org(anization)
Die Elitetruppe der Scientology. Ursprünglich auf See, jetzt in Florida an Land gegangen, wo sich in Clearwater die Flag-Land-Base befindet. Die Flag-Land-Base der Sea Org ist ver-

antwortlich für die Durchführung der höheren OT-Kurse. Ein Mitglied der Sea Org verpflichtet sich zur Mitgliedschaft für die nächsten 1 Mrd. Jahre, das Motto der Sea Org heißt denn auch: „Revenimus".

## Org(anization)
Eine Org ist eine größere lokale Niederlassung der Scientology.

## Mission
Kleinere Scientology-Niederlassung, ist einer Org zugeordnet.

## Celebrity Center
Luxuriös ausgestattete Spezialorganisationen zur Betreuung prominenter Personen, insbesondere von Menschen aus der Show-Branche.

## OSA (Office of Special Affairs)
Das OSA ist nach Berichten von Insidern zu gleicher Zeit Öffentlichkeitsabteilung und Geheimdienst. Insbesondere der Umgang mit Scientology-Kritikern („suppressive persons") wird vom OSA gesteuert.

## Suppressive Person (SP)
Ein SP, eine unterdrückerische Person, ist jede Kritikerin, jeder Kritiker der Scientology, wobei gilt, dass jeder SP zugleich eine asoziale Person und ein gefängnisreifer Krimineller ist. Scientologen, die mit SPs in Kontakt stehen, gelten als PTS (Potential Trouble Source) und haben keinen Zugang mehr zu Scientology-Kursen, bis sie entweder den SP zum Einstellen

seiner Kritik gebracht (ihn „gehandhabt") oder aber den Kontakt abgebrochen haben.

**Ethik-Abteilung**
Überwacht den Erfolg der Scientologen in ihrer Anwendung der Scientology, ermahnt bei fallenden Erfolgsstatistiken und bestraft Fehlverhalten (z.B. Kritik an Scientology), wobei Ethik von LRH verstanden („redefiniert") wird als Versuch, „Gegenabsichten aus der Umwelt (zu) entfernen", worauf es nach Erreichen dieses Ziels gilt, „Fremdabsichten aus der Umwelt (zu) entfernen".

*Georg Otto Schmid*
*Quelle: http://www.relinfo.ch/scientology/begriffetxt.html*

# Gemeinschaft kann gefährlich werden: Welche Anzeichen gibt es?

Sekten, Gurus, Psychokulte – auf dem Markt von Religion und Lebenshilfe tummeln sich zahllose fragwürdige Anbieter. Sie versprechen Erleuchtung, Heilung, Erfolg oder gar das ewige Glück. Was zunächst verheißungsvoll klingt, führt jedoch nicht selten zu Konflikten im sozialen Umfeld und zu schweren persönlichen Krisen.

Die folgende Checkliste ermöglicht eine Beurteilung von Gruppierungen der Esoterik- und Sektenszene. Einzelne der aufgeführten Merkmale machen sicher noch keine gefährliche Gruppe aus, da man sie auch in anderen Vereinigungen findet. Gruppierungen sind umso problematischer, je mehr der kritischen Punkte auf sie zutreffen.

### Checkliste

1. Bei der Gruppe findet man genau das, was man immer schon gesucht hat. Sie weiß erstaunlich genau, was einem fehlt.
2. Schon der erste Kontakt eröffnet eine völlig neue Sicht der Dinge.
3. Das Weltbild der Gruppe ist verblüffend einfach und erklärt jedes Problem.
4. Die Gruppe hat einen Meister, ein Medium, einen Führer oder Guru, der allein im Besitz der ganzen Wahrheit ist.
5. Kritik durch Außenstehende wird als Beweis betrachtet, dass die Gruppe recht hat.

6. Die Gruppe fühlt sich als Elite und sieht die übrige Menschheit als krank und verloren an – solange sie nicht mitmacht bzw. sich nicht retten lässt.

7. Die Gruppe grenzt sich von der übrigen Welt ab, etwa durch Kleidung, Ernährungsvorschriften, eine eigene Sprache oder die strenge Reglementierung privater Kontakte.

8. Die Gruppe will, dass man alle „alten" Beziehungen abbricht, weil sie die persönliche Entwicklung behindern.

9. Die Gruppe füllt die Zeit ihrer Mitglieder mit Aufgaben: Verkauf von Büchern oder Zeitungen, Werben neuer Mitglieder, Meditation, Besuch von Kursen etc.

10. Es ist schwer, allein zu sein – jemand aus der Gruppe ist immer dabei.

11. Wenn man zweifelt oder sich der versprochene Erfolg nicht einstellt, ist man „selber schuld", weil man sich angeblich nicht genug einsetzt oder nicht stark genug glaubt.

12. Die Gruppe verlangt die strikte Befolgung ihrer Regeln und ihrer Disziplin – als einzigen Weg zur Rettung.

*Quelle: Broschüre „Sekten". Eine Information der Beratungsstelle für Sekten- und Weltanschauungsfragen im Bistum Regensburg.*

# Auswahl von Kontaktstellen
# für Sektenberatung

## DEUTSCHLAND:

*Sekten-Info Nordrhein-Westfalen e.V.*
Rottstraße 24, 45127 Essen
Informations- und Beratungszentrum
Geschäftsführerin: Sabine Riede
Tel. 0201-234646
E-Mail: kontakt@sekten-info-nrw.de
http://www.sekten-info-nrw.de
Selbstdarstellung in der AGPF-Website

*Arbeitskreis Sekten e.V.*
Waisenhausstraße 1, 32052 Herford
Vorsitzende: Bettina Brinkmann
Tel. 0521-3294263
E-Mail: bettina-brinkmann@bitel.net
http://www.ak-sekten-herford.de

*Artikel 4 - Initiative für Glaubensfreiheit e.V.*
Bundesweite Selbsthilfe Initiative für Sektenaussteiger
Am Sägewerk 36, 40885 Ratingen
Vorsitzende: Evelyn Hügli-Schmidt
Tel. 02102 - 893301
E-Mail: evelyn.huegli@artikel-4.de
http://www.artikel-4.de

**BBS - *Bürger Beobachten Sekten e.V.***
Postfach 1124, 97861 Wertheim/Main
spezialisiert auf UL - Universelles Leben
(früher HHW - Heimholungswerk)
Vorsitzender: Thomas Müller
Tel. 09394-99743
E-Mail: Muellerbbs@aol.com
http://www.bbs-wertheim.de

**Delphin e.V.**
25876 Schwabstedt, Westerende 7a
spezialisiert auf AAO / Mühl-Kommune
Vorsitzender: Dr. Andreas Schlothauer
Tel. 04884-9450

**EBIS -Baden-Württembergische Eltern- und Betroffeneninitiative e.V.**
Hölderlinweg 10, 72663 Großbettlingen
spezialisiert auf Scientology und Psychogruppen
Vorsitzende: Liselotte Wenzelburger-Mack
Tel. u. Fax: 07022-47559
E-Mail: mwenzelburger@t-online.de
http://www.aufklaerungsgruppe-krokodil.de

**EL-Elterninitiative zur Wahrung der geistigen Freiheit e.V.**
Geschwister-Scholl-Straße 28, 51377 Leverkusen
spezialisiert auf Krishna - Iskon
Vorsitzende: Ursula Zöpel
Tel. 0214-58372
E-Mail: Ursula@Zoepel.de
http://www.elterninitiative-sekten.de

*Flügelschlag e.V.*
Am Poggensee 1, 23843 Bad Oldesloe
spezialisiert auf Colonia Dignidad und Missbrauch
von Kindern
Vorsitzender: Wolfgang Kneese
Tel. 04531-8801893
E-Mail: zebrakneese@t-online.de
http://www.AGPF.de/Fluegelschlag.htm

*FKP - Forum kritische Psychologie e.V.*
Margarethenried 10, 85413 Hörgertshausen
Vorsitzende: Dipl. Päd. Claudia Kierspe-Goldner
Sprechstunde nur nach Vereinbarung
Tel. 08764-949707
E-Mail: Fkpsych@aol.com
http://www.fkpsych.de

*KIDS Kinder in destruktiven Sekten e.V.*
Bogenstraße 11, 51375 Leverkusen
spezialisiert auf Zeugen Jehovas
Vorsitzende: Jutta Birlenberg
Tel. 0214-55760
E-Mail: j.birlenberg@kids-lev.com
http://www.kids-lev.com

*Kontakthilfe bei Sektenproblemen e.V.*
Römerweg 81, 47574 Goch-Hassum
Heike Langmann-Keller
Tel. 02827-925126
E-Mail: Heike@Langmann-Keller.de
http://www.khsg.de

*Niedersächsische Elterninitiative gegen den Missbrauch der Religion e.V.*

Archivstraße 3, 30169 Hannover
spezialisiert auf The Family früher Kinder Gottes, CoG
Geschäftsführer: Wilhelm Knackstedt
Tel. 0511-1241-452

*Odenwälder Wohnhof e.V.*

Unterer Flachsberg 15, 74743 Seckach-Zimmern
spezialisiert auf Betreuung
Vorsitzende: Inge Mamay
Tel. 06291-646763
E-Mail: Wohnhof@aol.com
http://www.wohnhof.de

*Sektenberatung Bremen e.V.*

Postfach 101543, 28015 Bremen
spezialisiert auf Psychokulte
Vorsitzender: Bernhard Brünjes
Tel. u. Fax 04205-1609
E-Mail: Bernhard.Bruenjes@googlemail.com

*SINUS Sekten Information und Selbsthilfe e.V.*

Rechneigrabenstraße 10, 60311 Frankfurt
Vorsitzender: Otto Lomb
Tel. 0700-74687336
E-Mail: O.Lomb@gmx.de
http://www.sinus-ffm.de

*VITEM – Verein für die Interessen terrorisierter Mitmenschen e.V.*
Ensheimer Str. 125, 66386 St. Ingbert
spezialisiert auf Scientology
Vorsitzende: Jeannette Schweitzer
Tel. u. Fax: 06894-870452


## ÖSTERREICH:

**GSK - Gesellschaft gegen Sekten- und Kultgefahren**
Gesamtösterreichische Elterninitiative
Postfach 218, 1011 Wien
Tel. 0043-1-3327537
E-Mail: sektinfo@aon.at
http://www.sektinfo.org


## SCHWEIZ:

**SADK - Schweizerische Arbeitsgemeinschaft gegen destruktive Kulte**
Postfach 533, 6341 Baar
Tel. u. Fax: 041-7612679
E-Mail: sadk@swissonline.ch

## Auf der Suche

„Läufst du schon wieder in die Kirche? Du bist doch erst letzten Sonntag dagewesen!"

Doch alle Sticheleien meines Vaters konnten mich vom Gottesdienstbesuch nicht abhalten. Gerade siebzehn Jahre alt, war Gott mir wichtig geworden. Ganz fest glaubte ich daran, dass ich nach meinem Tode einmal Rechenschaft über mein Leben vor ihm ablegen musste.

Eines jedoch bedrückte mich sehr oft: Dieser Gott schien eigentlich weit von mir entfernt zu sein. Nie war ich mir sicher, ob er meine Gebete hören würde oder ob er überhaupt an mir interessiert war. Vielleicht war ich, eine kleine Verkäuferin, ein viel zu unbedeutender Mensch, als dass er sich um mich kümmern würde. Trotzdem wurde ich von dem, was ich in der Kirche über ihn hörte, immer wieder angezogen.

Ja, die Frage nach dem richtigen Weg zu Gott sollte mich noch lange beschäftigen.

Einige Jahre später lernte ich meinen Mann kennen. In Glaubensfragen hatten wir ganz ähnliche Meinungen. Voller Begeisterung erzählte er mir, wie er als Kind die biblischen Geschichten über Jesus Christus unzählige Male gelesen hatte, weil sie ihm so gut gefielen. „Jesus Christus muss ein sehr beeindruckender Mann gewesen sein, nach seinen Lehren müsste man leben können, aber das ist heute wohl nicht mehr möglich. Bei den Kirchen habe ich allerdings meine Zweifel, ob sie tatsächlich immer nach dem Willen Gottes handeln. In der Geschichte des Christentums ist ganz schön viel unschuldiges Blut geflossen, denk nur an die Kreuzzüge und die Inquisitionsprozesse."

Nachdem wir geheiratet hatten, rückte für uns die Frage nach Gott ein wenig in den Hintergrund. Unser Sohn wurde geboren und wir wollten uns eine eigene Existenz aufbauen. Damit waren wir erst einmal ausreichend beschäftigt. Doch nach etwa zehn Jahren Ehe entdeckten wir eine gewisse Leere in unserem Leben. Wir waren glücklich verheiratet, hatten uns selbständig gemacht und es ging uns wirtschaftlich nicht schlecht. Aber wir hatten das Gefühl, dass uns irgendetwas Wichtiges in unserem Leben fehlte.

Sollte das der ganze Sinn des Lebens sein, jahraus, jahrein hinter dem Geld herlaufen, ab und an eine lustige Party feiern, gut Essen und Trinken und dabei alt werden und sterben? Es musste doch noch etwas anderes geben, was diese innere Leere in uns ausfüllen würde. So gewann die alte Frage nach Gott wieder neue Bedeutung für uns.

Oft versuchten wir, diese Frage in unserem Verwandten- und Bekanntenkreis anzusprechen, aber es schien niemand Interesse daran zu haben. Immer, wenn wir auf dieses Thema kamen, wurde schnell versucht, das Gespräch in eine andere Richtung zu lenken. „Sind unsere Gedanken denn so absonderlich? Unsere Freunde scheinen uns für völlig weltfremd zu halten."

Mein Mann konnte das nicht verstehen, und mir drängte sich der Gedanke auf: „Vielleicht sind wir tatsächlich ein bisschen verrückt?"

### Erste Kontakte zu den Zeugen Jehovas

In dieser Zeit kam mein Mann manchmal mit einem „Wachtturm" nach Hause, den er irgendeinem Zeugen Jehovas an irgendeiner Straßenecke abgekauft hatte. Wir fanden bewundernswert, dass Menschen mitten auf der Straße ihren Glauben so bezeugten. Und dann saßen an einem Sonntagvormittag zwei dieser Zeugen Jehovas in unserem Wohnzimmer. Aus purer Neugier hatten wir sie hereingebeten, als sie wieder einmal an unserer Haustür klingelten. Auf unsere Frage nach dem Inhalt ihres Glaubens holte der Mann seine Bibel aus der Tasche, legte die Hand darauf und erklärte: „Dieses ist Gottes Wort, es ist die absolute Wahrheit und der Leitfaden für unser persönliches Leben. Ich gehe als Zeuge Jehovas von Tür zu Tür und suche jemanden, der mir meinen Glauben mit der Bibel widerlegen kann, aber ich habe bis heute noch niemanden gefunden."

Wir waren tief beeindruckt. So etwas hatten wir bisher noch nie gehört. Das vor uns sitzende Ehepaar war etwa in unserem Alter und sehr sympathisch. Im Laufe des Gespräches boten sie uns ein gemeinsames Bibelstudium an, was wir gern annahmen, denn wir waren neugierig geworden auf dieses Wort Gottes. Als recht kritische Menschen gingen wir jedoch erst einmal auf Distanz: „Sie sagen, die Bibel sei absolut wahrhaftig, schließen Sie die Schöpfungsgeschichte da auch mit ein? Glauben Sie tatsächlich, dass Gott Adam aus dem Staub des Erdbodens erschaffen hat?"

Unser Gesprächspartner ließ sich dadurch nicht aus der sehr souverän wirkenden Ruhe bringen und entgegnete: „Ich mache Ihnen einen Vorschlag: Beweisen Sie mir das Gegenteil!"

Diese Herausforderung nahmen wir gerne an. Es musste doch möglich sein, diesen biblischen Schöpfungsbericht zu widerlegen. Doch bisher hatten wir uns noch nie gründlich damit auseinandergesetzt. So durchstöberten wir sämtliche Büchereien und Buchhandlungen am Ort, aber was wir über die Entwicklungsgeschichte der Erde lasen, befriedigte uns alles nicht. Da gab es zahlreiche Theorien über die Entstehung der Erde, und als wir uns dann mit der Entstehung des Lebens befassten, kamen wir aus dem Staunen nicht mehr heraus. Der Astrophysiker Professor Heinz Haber erläuterte zum Beispiel:

*„Es ist also durchaus möglich und sogar wahrscheinlich, dass im Urozean als Folge von Blitzschlägen in das Wasser und von Bestrahlungen durch Höhenstrahlung und Radioaktivität der Erdkruste organische Moleküle in großer Anzahl entstanden sind. Irgendwann einmal hat sich vielleicht auch unter den Milliarden von Möglichkeiten ein Molekül befunden, das – wie das DNS-Molekül – die Fähigkeit besaß, sich selbst zu reproduzieren. Das war der Beginn des Lebens."* (Aus: Heinz Haber, Unser blauer Planet, 1977, Seite 99)

Das Leben sollte rein zufällig entstanden sein, um sich dann in Millionen von Jahren aus dieser Urzelle bis hin zur höchsten Form des Lebens, dem Menschen, zu entwickeln. Nein, diese Theorien bestanden für uns in ihrer Beweisführung aus zu vielen Zufällen und Hypothesen. Da erschien es uns doch vernünftiger, an die biblische Schöpfungsgeschichte zu glauben, schließlich hatten wir es doch mit einem Gott zu tun, einem Gott, für den es keinerlei Begrenzungen und Einschränkungen gab.

Wir durchdachten noch einmal sämtliche Argumente, die wir zu diesem Thema gelesen hatten. Da sowohl die Schöpfungsgeschichte der Bibel als auch die Evolutionstheorie nicht mit absoluter Gültigkeit bewiesen werden konnten, also Glauben voraussetzten, war für uns der Bibelbericht die glaubwürdigere Alternative. So hatten die Zeugen Jehovas die ersten Pluspunkte bei uns gesammelt, denn ihr überzeugter Glaube hatte uns angespornt, uns intensiv mit diesem Thema auseinanderzusetzen.

Nun begann für uns eine höchst interessante Zeit. Einmal in der Woche saßen wir mit den Zeugen Jehovas, oft bis in die Nacht hinein, zusammen und diskutierten. Sie wiesen uns auf viele Prophezeiungen aus dem Alten Testament hin, die oft erst Jahrhunderte später in Erfüllung gegangen waren, und schenkten uns ein kleines Buch der Wachtturm-Gesellschaft, „Ist die Bibel wirklich das Wort Gottes?"

In dem Buch wurde berichtet, dass es im Alten Testament 332 Prophezeiungen gebe, die alle auf bestimmte Begebenheiten im Leben Jesu hinwiesen.

Das wollten wir genauer wissen! Wir lasen alle aufgeführten Texte in der Bibel nach: die Vorhersagen im Alten Testament und anschließend die Berichte im Neuen Testament, in denen von der Erfüllung der Prophezeiungen berichtet wurde. Das überzeugte uns ebenso wie biblische Voraussagen über den Untergang der Städte Tyrus und Babylon und über die Zerstörung Jerusalems in nach-neutestamentlicher Zeit. In Geschichtsbüchern fanden wir den Beweis dafür, dass sich die biblischen Prophezeiungen später tatsächlich so wie vorausgesagt ereignet hatten. Das konnte niemand manipuliert haben, dahinter musste wirklich eine göttliche Macht stehen!

Uns begeisterte, was wir in wenigen Wochen durch die Zeugen Jehovas aus der Bibel gelernt hatten. Warum hatten wir von diesen biblisch-geschichtlichen Zusammenhängen vorher noch nie etwas gehört? Wir gaben den Zeugen Jehovas recht, die Bibel war tatsächlich Gottes Wort. Diese Erkenntnis sollte einige Jahre später von besonderer Bedeutung für uns werden, aber das ahnten wir zu dem Zeitpunkt noch nicht.

Im Dezember 1978 findet sich in meinem Tagebuch folgende Eintragung:

*„Seit dem ersten Gespräch mit dem Ehepaar S. lässt uns dieses Thema nicht mehr los. Wir sind erstaunt, was alles in der Bibel steht und wie wenig wir als Christen davon wissen. Sie haben uns überzeugt, dass Gottes Gebote nur in der Bibel zu finden sind und dass ein wahrer Christ sein Leben danach ausrichten sollte. Auf einmal hat unser Leben wieder einen Sinn bekommen. Wir haben angefangen, über unseren persönlichen Glauben zu reden und gemeinsam zu beten, was uns gar nicht so leicht fällt. Das alles kann kein Zufall sein, es muss Gottes Wille und Fügung gewesen sein! Im Januar wollen wir zum ersten Mal in eine ihrer Versammlungen mitgehen, um auch einmal andere Menschen ihrer Glaubensgemeinschaft kennenzulernen. Wir bitten Gott, uns einen rechten und festen Glauben zu verleihen. Möge er uns helfen, auf diesem neuen Weg zu gehen und nicht wieder wankelmütig zu werden."*

### Ein erster Einblick in die Lehren der Wachtturm-Gesellschaft

In der Zwischenzeit hatten wir begonnen, diesmal gemeinsam mit dem Ehepaar S., ein weiteres Buch der Wachtturm-Gesellschaft zu studieren, „Die Wahrheit, die zu ewigem Leben führt". Schon die ersten Sätze rissen uns in ihren Bann.

„Möchtest du in Frieden und Glück leben? Ersehnst du für dich und deine Angehörigen blühende Gesundheit und langes Leben? Hegst du in deinem Herzen den Wunsch, alles Böse und alles Leiden möchten doch ein Ende nehmen? Jeder aufrichtige Mensch ersehnt das. Heute nehmen jedoch überall auf der Erde Gewalttat, Verbrechen, Hungersnöte und Krankheiten überhand. Warum gibt es in der Welt so viel Elend? Was bedeutet das alles? Gibt es einen stichhaltigen Grund für die Annahme, dass sich die Verhältnisse noch zu unseren Lebzeiten bessern werden?"

Das waren genau die Fragen, über die wir schon so oft ergebnislos diskutiert hatten. Natürlich wollten wir gern in Glück und Frieden leben, wer wollte das nicht? Seite für Seite lasen wir weiter in dem Buch. Die Fragen, die zu jedem Absatz aufgeführt waren, versuchten wir im gemeinsamen Gespräch zu beantworten. Im dritten Kapitel ging es um die Person Gottes und ihren Namen. Es wurde erklärt, dass Gott sich selbst einen Namen gegeben hatte. Weiter hieß es:

„Aus Gottes Wort, der Bibel, erfahren wir den persönlichen Namen Gottes; er lautet JEHOVA. In vielen Bibelübersetzungen ist dieser Name in Psalm 83:19 zu finden; wir lesen dort (SB) ‚... so dass sie erfahren müssen, wie du, der du Jehova heißest, allein der Höchste bist über die ganze Erde!‘ Und sozusagen in allen Bibelübersetzungen kommt dieser Name in Offenbarung 19: 1-6 vor, und zwar als Silbe des Ausdrucks ‚Alleluja‘ oder ‚Halleluja‘. Dieser Ausdruck bedeutet ‚Lobpreiset Jah‘ (eine Kurzform von Jehova). In dem Werk ‚The Catholic Enzyklopedia‘ (1910, Band VIII, S. 329) lesen wir über diesen göttlichen Namen: Jehova ist der Eigenname Gottes im Alten Testament.‘ Die ‚Herder-Bibel‘ eine vor kurzem herausgegebene katholische Übersetzung, verwendet regelmäßig den Namen Jahwe‘, auch andere Übersetzungen gebrauchen den Namen Jahwe‘. Warum dieser Unterschied?“

Nun wurde erklärt, dass der Name Gottes im Hebräischen, der Sprache, in der das Alte Testament ursprünglich geschrieben wurde, JHWH lautet. Da das in unserer Sprache nicht auszusprechen ist, war man gezwungen, Selbstlaute in das Wort einzufügen. So übersetzten die einen „JEHOVA“ und die anderen „JAHWE“. Zum Schluss des Kapitels hieß es dann:

„Es ist jedoch nicht ausschlaggebend, wie du den Gottesnamen aussprichst, ob ‚Jahwe‘, ‚Jehova‘ oder anders, solange du ihn so aussprichst, wie es in deiner Sprache üblich ist. Verkehrt ist es indessen, den Namen nicht zu gebrauchen. Warum? Weil die Personen, die diesen Namen nicht gebrauchen, niemals das Volk Gottes sein könnten, das Gott aus den Nationen herausnimmt als ‚ein Volk für seinen Namen‘ (Apostelgeschichte 15:14). Wir sollten Gottes Namen nicht nur kennen, sondern wir sollten ihn auch vor unseren Mitmenschen so ehren und preisen, wie das Gottes Sohn tat, als er auf der Erde war (Matthäus 6:9; Johannes 17:6,26)."

Welch eine raffinierte Verpackung von Wahrheit und Halbwahrheiten! Schon damals begann man, unsere Gedanken unmerklich zu manipulieren. Für uns, als religiöse Laien, waren die angeführten Argumente absolut einleuchtend. Wir erwarteten von unseren Mitmenschen ja auch, dass sie uns mit unserem Namen ansprachen, also konnte Gott das gleiche Recht auch für sich selbst beanspruchen. Und stimmte es denn nicht, dass auch die Anhänger von anderen Religionen von ihrem „Gott" sprachen?

Wie sollte man denn erkennen, welcher Gott gemeint war, wenn sich diese Götter nicht durch Eigennamen unterschieden? Dass dieser göttliche Name nur im Alten und nicht im Neuen Testament vorkam, das wurde uns damals nicht bewusst. Das Zitat aus der „Catholic Enzyclopedia" besagte doch indirekt, dass der Name nur im Alten Testament stand. Wir lasen einfach darüber hinweg.

Aufgefallen war uns wohl, dass die Zeugen Jehovas, die ihre „Wachtturm-Bibel" benutzten, den Namen „Jehova" auch im Neuen Testament stehen hatten – ganz im Gegensatz zu der „Luther-Übersetzung", die wir benutzten. Als wir das ansprachen, erklärte Herr S. sofort: „Da können Sie erkennen, wie gleichgültig den Kirchen der Name Gottes geworden ist."

Wie hieß es doch im letzten Satz des Studienartikels? „Wir sollen den Namen Gottes so ehren, wie Jesus ihn ehrte."

Heute fragen wir uns, wo es einen Schriftbeweis dafür gibt, dass Jesus jemals von „Jehova" oder „Jahwe" gesprochen hat. Im gesamten Neuen Testament spricht er immer nur von seinem oder unserem Vater! Selbst in dem „Mustergebet", das er seinen Jüngern mit dem Vaterunser gab, sagte er nicht „Jehova, der du bist im Himmel, geheiliget werde dein Name", sondern „Unser Vater, der du bist im Himmel ..."

Aber wenn man sich so wenig in der Bibel auskennt, wie wir das damals taten, dann fallen einem solche Fakten nicht auf.